Eltern, Schule und Berufsorientierung

Berufsbezogene Elternarbeit

© W. Bertelsmann Verlag
GmbH & Co. KG, Bielefeld 2011

Konzeption und Redaktion:
Projektträger im DLR e. V.
Bildungsforschung, Integration, Genderforschung
Heinrich-Konen-Straße 1
53227 Bonn
Telefon: 0228 3821-1832
Telefax: 0228 3821-1604
Internet: www.perspektive-berufsabschluss.de

Gesamtherstellung und Verlag:
W. Bertelsmann Verlag GmbH & Co. KG

Umschlaggestaltung:
www.lokbase.de, Bielefeld

Titelbild:
Zoonar GmbH
Borselstraße 3 | 22765 Hamburg

Bilder im Innenteil:
thinkstockphotos.de

Innenlayout und Satz:
Christiane Zay, Bielefeld

Best.-Nr. 6004162 (Print)
Best.-Nr. 6004162W (E-Book)
ISBN 978-3-7639-4756-0 (Print)
ISBN 978-3-7639-4757-7 (E-Book)

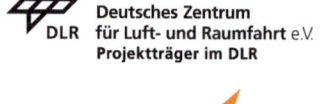

Das Werk einschließlich aller seiner Teile ist urheberrechtlich geschützt. Jede Verwertung außerhalb der engen Grenzen des Urheberrechtsgesetzes ist ohne Zustimmung des Verlages unzulässig und strafbar. Insbesondere darf kein Teil dieses Werkes ohne vorherige schriftliche Genehmigung des Verlages in irgendeiner Form (unter Verwendung elektronischer Systeme oder als Ausdruck, Fotokopie oder unter Nutzung eines anderen Vervielfältigungsverfahrens) über den persönlichen Gebrauch hinaus verarbeitet, vervielfältigt oder verbreitet werden.

Für alle in diesem Werk verwendeten Warennamen sowie Firmen- und Markenbezeichnungen können Schutzrechte bestehen, auch wenn diese nicht als solche gekennzeichnet sind. Deren Verwendung in diesem Werk berechtigt nicht zu der Annahme, dass diese frei verfügbar sind.

Inhalt

Vorwort: Elternarbeit als wichtiger Baustein für das erfolgreiche Gelingen des Übergangs Schule – Beruf 5

1. Eltern im Berufsorientierungsprozess ihrer Kinder und ihre Einbindung durch Elternarbeit 9
   Werner Sacher

2. Elternbeteiligung im „Regionalen Koordinierungssystem U 25" des Bildungsbüros im Kreis Gütersloh 25
   Sabine Kaiser

3. Elternbrief „Berufswahl gemeinsam erleben" 43
   Ines Lieske, Manja Seiffert

4. Themenreihe „Eltern und Jugendliche stellen Berufe vor" 53
   Heidrun Wolle

5. Elternprojekt „Gemeinsam in die Zukunft. Elternbeteiligung im Übergang zwischen Schule und Arbeitswelt" 63
   Simone Baum, Melanie Henschel, Jana Voigt

6. Eltern als Lern- und Übergangsbegleiter auf dem Weg zum Beruf: Handlungsansätze zur Elternbeteiligung in der lokalen Gesamtstrategie *Weinheimer Bildungskette* 79
   Ulrike Süss, Susanne Felger, Khadija Huber, Halise Yüksel, Ceylan Firat

7. Fortbildungsreihe „Berufsbezogene Elternarbeit" für Lehrkräfte und Sozialarbeiterinnen und Sozialarbeiter 113
   Evelyne Rößer

8. Zusammenarbeit mit Eltern in der Berufsorientierung – Entwicklung einer Handreichung und dazu passender Fortbildungen für Personen, die sich für eine Verbindung von Schulen und Eltern engagieren 129
   Angelika Münz, Sandra Heisig

9. Eltern, Schule und Berufsorientierung in Berlin – Schritte auf dem Weg 143
   Ralph Döring, Jana Pampel, Carsten Welker

10. Informationsschriften für Eltern mit Migrationshintergrund – Ein Erfahrungsbericht aus Nürnberg 163
    Brigitte Fischer-Brühl

Legende

! Kernaussage

M Material

@ Internet

Vorwort

Elternarbeit als wichtiger Baustein für das erfolgreiche Gelingen des Übergangs Schule – Beruf

Liebe Leserinnen und liebe Leser,

eine dauerhafte Integration in die Arbeitswelt basiert auf einem anerkannten Berufsabschluss. Für junge Erwachsene mit schwierigeren Startchancen ist eine berufliche Ausbildung oder der nachträgliche Erwerb des Berufsabschlusses ein wichtiger Schritt in diese Richtung. Das Bundesministerium für Bildung und Forschung (BMBF) hat zur Entwicklung nachhaltiger Strukturen das Programm „Perspektive Berufsabschluss" mit den Förderinitiativen „Regionales Übergangsmanagement" und „Abschlussorientierte modulare Nachqualifizierung" aufgelegt. Das Programm ist Teil der Qualifizierungsinitiative der Bundesregierung.

„Perspektive Berufabschluss" wird aus Mitteln des Bundes und des Europäischen Sozialfonds finanziert. Von 2008 bis 2013 fließen insgesamt 67 Millionen Euro in die zwei Förderinitiativen.

Das Programm soll durch strukturelle Entwicklungen dazu beitragen, den Anteil von Jugendlichen und jungen Erwachsenen ohne beruflichen Abschluss dauerhaft zu senken. 97 Projekte etablieren dafür nachhaltig Netzwerke in zwei unterschiedlichen Förderschwerpunkten.

„Regionales Übergangsmanagement" stimmt als kommunale Steuerungsaufgabe und in enger Kooperation mit den regionalen Akteuren des Übergangsmanagements an 55 Standorten die Förderangebote und Unterstützungsleistungen aufeinander ab, um Jugendlichen den Anschluss von der Schule in eine Berufsausbildung zu erleichtern.

„Abschlussorientierte modulare Nachqualifizierung" schafft durch 42 Projekte geeignete Rahmenbedingungen, um An- und Ungelernten mit und ohne Beschäftigung einen nachträglichen Berufsabschluss zu ermöglichen.

Die vorliegende Veröffentlichung „Eltern, Schule und Berufsorientierung" ist der zweite Band aus der Praxisreihe des Programms „Perspektive Berufsabschluss". In dieser Reihe werden zentrale Themen behandelt, die die wichtigen Facetten der Strukturentwicklung aus Sicht der Praktiker und Praktikerinnen näher beleuchten, die zum erfolgreichen Gelingen beitragen.

In diesem Band stellen Autorinnen und Autoren aus dem spezifischen Projektblickwinkel ihre Erfahrungen der Elternarbeit am Übergang Schule – Beruf dar, die sie in der täglichen praktischen Arbeit gewonnen haben. Sie verbinden dies mit aktuellen Entwicklungen, mit Fachexpertisen, mit ganz praktischen Anwendungsmöglichkeiten der Instrumentarien und Best-Practice-Beispielen. Dabei bewerten sie diese neuen Erkenntnisse und Werkzeuge so, dass Praktiker deren Übertragbarkeit auf andere regionale Bedingungen gut nachvollziehen und ableiten können.

Ich wünsche Ihnen viele neue und umsetzbare Anregungen bei der Lektüre. Lernen Sie zehn Projekte in ihrer Arbeit im Programm „Perspektive Berufsabschluss" kennen.

Bonn im Oktober 2011

Petra Post
Projektträger im DLR e.V.
für das Team des Programms „Perspektive Berufsabschluss"

Kapitel 1

Eltern im Berufsorientierungsprozess ihrer Kinder und ihre Einbindung durch Elternarbeit

1 Eltern im Berufsorientierungsprozess ihrer Kinder und ihre Einbindung durch Elternarbeit

Werner Sacher

Potenzial des Elterneinflusses

Das Potenzial des Einflusses von Eltern auf den Schul- und Lebenserfolg ihrer Kinder wird weithin unterschätzt. Dabei ist es von unübertroffener Mächtigkeit: PISA-Begleituntersuchungen zeigten: Der Einfluss der Familien und Eltern auf den Schulerfolg der Kinder ist reichlich doppelt so stark wie der von Schule, Lehrkräften und Unterricht zusammen (OECD 2001: Lernen für das Leben, S. 356 f.)! In der Erziehungswissenschaft ist dieser Befund nicht neu. In den letzten Jahrzehnten waren Forscher immer wieder zu dieser Feststellung gekommen (Krumm 2003, S. 4). Darüber hinaus hatte sich gezeigt, dass der Einfluss der Familie auch im Vergleich mit anderen Faktoren bei Weitem der stärkste ist:

- So ist der Einfluss der Familie auf den Schulerfolg auch doppelt so stark wie derjenige der Intelligenz (Krumm 1996).
- Und er ist auch doppelt so kräftig wie sozioökonomische Faktoren (Gestwicki 2006). Es kommt offensichtlich weniger darauf an, wie Familien situiert sind, als darauf, was sie tatsächlich tun und wie sie die Primärsozialisation der Kinder gestalten.
- Eine ganze Reihe von Untersuchungen zeigte schließlich ferner, dass Eltern auch den größten Einfluss auf die Berufswahl ihrer Kinder haben – einen größeren als die Altersgenossen, die erst auf dem zweiten Rang folgen, als ihre Lehrkräfte, die auf dem dritten Rang liegen, und als Berufsberater, denen erst der vierte Rang eingeräumt wird.[1]

Diese Erkenntnisse dürfen allerdings nicht missverstanden werden: Mit der Stärke des Einflusses ist noch nichts über seine Richtung gesagt. Der Elterneinfluss kann förderlich oder auch hinderlich und schädlich sein. Hinsichtlich des Elterneinflusses bei der Berufsorientierung etwa weiß man auch, dass ca. drei Viertel der Jugendlichen den Rat ihrer Eltern überschätzen (Arbeitskreis Einstieg 2004; Arbeitskreis Einstieg 2006). Es gibt Hinweise dahin gehend, „dass die Kenntnisse der Eltern über die wirtschaftliche Situation und die aktuellen Bewerbungsmodalitäten teilweise ausgesprochen mangelhaft und mitunter sogar falsch" sind (Walter 2010, S. 211). Auch die Eltern selbst schätzen ihre Beratungskompetenz im Allgemeinen sehr kritisch ein (ebd., S. 271). Zudem nehmen 61 % der Jugendlichen eine ungünstige passive Grundhaltung ein: Sie möchten, dass die Eltern ihre Wünsche und Fähigkeiten erkennen und ihnen Wege „aufzeigen" (Arbeitskreis Einstieg 2004 u. 2006).

Der Elterneinfluss ist häufig auch ein ungewollt ausgeübter. Viele Eltern versuchen sich sogar bewusst aus der Berufswahl ihrer Kinder herauszuhalten, weil sie sich nicht kompetent fühlen oder weil sie nicht autoritär sein wollen (Taylor et al. 2004; Perkins & Peterson 2005). Das bedeutet aber keineswegs, dass sie nicht gleichwohl – ohne es zu wissen – Einfluss haben.[2]

In jedem Fall ist es dringend erforderlich, durch Maßnahmen der Elternarbeit sicher zu stellen, dass Eltern ihr Einflusspotenzial bewusst, kompetent und zum Wohle ihrer Kinder nutzen. Wie solche Elternarbeit zu gestalten ist, soll Gegenstand der folgenden Ausführungen sein.

Aufgaben und Strategien berufsorientierender Elternarbeit

Aufgaben berufsorientierender Elternarbeit

Elternarbeit im Zusammenhang der Berufsorientierung muss im Wesentlichen zwei komplexe Aufgaben bewältigen:
- Zunächst einmal ist solche Elternarbeit *Arbeit an Einstellungen:* Sie muss Eltern für das Anliegen der Berufsorientierung und für ihre

Rolle, die sie dabei spielen, sensibilisieren, ihnen vor allen Dingen ihre Verantwortung bei der Berufsorientierung ihrer Kinder aufzeigen. Bei einem Teil der Eltern wird es darum gehen, sich die eigenen Informations- und Kompetenzdefizite einzugestehen, bei einem anderen sind überhaupt erst Selbstwirksamkeitsüberzeugungen (die Überzeugung, etwas Wichtiges zur Berufsorientierung beitragen zu können) aufzubauen. Sodann sind verbreitete *Fehlhaltungen abzubauen:* die Neigung, Berufe von Eltern auf Kinder gewissermaßen zu „vererben", d. h., einfach das Ergreifen des in der Familie traditionell ausgeübten Berufes nahezulegen, der Rückzug aus der Berufsentscheidung der Kinder, Klischeevorstellungen hinsichtlich der Berufswelt, etwa von angeblich typischen Männer- und Frauenberufen etc.

- Aufbauend auf dieser Grundlagenarbeit ist sodann die *Vermittlung fehlender Kompetenzen* zu leisten, welche eine effektive Unterstützung bei der Berufsorientierung erst ermöglichen: Wissen über die Berufswelt und das duale Ausbildungssystem, Kenntnisse von Beratungsangeboten zur Berufswahl, oft auch elementare Erziehungskompetenzen, darunter Methoden einer beratend-aktivierenden Einflussnahme, die den Jugendlichen Entscheidungen nicht einfach abnimmt oder oktroyiert.

Strategien berufsorientierender Elternarbeit

Für die Bewältigung dieser anspruchsvollen Aufgaben stehen vier Strategien zur Verfügung:

1. Aufsuchende Elternarbeit
In Deutschland neigen Lehrkräfte und andere im Bildungs- und Ausbildungssektor tätige Professionals dazu abzuwarten, ob Eltern angebotene Kontakt- und Informationsmöglichkeiten nutzen. Kommen Eltern diesen Erwartungen nicht nach, werden sie rasch als uninteressiert und „schwer erreichbar" abqualifiziert. Wege, selbst die Initiative zu ergreifen und auf solche Eltern zuzugehen, bleiben darüber nicht selten ungenutzt.

> Oft ist schon eine mit konkreten Auswahlterminen verknüpfte ausdrückliche persönliche Einladung, die über das Versenden der üblichen Serienbriefe hinausgeht, erfolgreich. Telefonanrufe bei den Eltern, E-Mails und das Versenden von Kurzmitteilungen bieten sich an, wenn schon ein gewisser Kontakt besteht.

Datenschutzrechtlichen Bedenken kann Rechnung getragen werden, wenn man die entsprechenden Kontaktdaten von den Eltern auf freiwilliger Basis erbittet. Häufig ist es erforderlich, das Terrain der eigenen Institution und Organisation zu verlassen und die Eltern gewissermaßen in ihrem „Revier" zu kontaktieren, d.h. Einrichtungen (Restaurants, Kulturzentren, Kirchen, Moscheen usw.) und Veranstaltungen (Sportveranstaltungen, kulturelle und religiöse Veranstaltungen, Straßenfeste usw.) in ihrem Stadtteil und in ihrer Nähe zu besuchen und dabei nach Möglichkeit in Gesprächskontakt mit ihnen zu kommen. Manche Schulen und Organisationen betreiben mit Erfolg Stammtische und Gesprächsrunden im Viertel der Eltern. In der Konsequenz der aufsuchenden Strategie liegt schließlich auch der Hausbesuch, der in der deutschen Elternarbeit leider kaum noch praktiziert wird. Mindestens in besonders schwierigen Fällen sollte auch er in Erwägung gezogen werden. An der Grenze zum Hausbesuch liegt die an der Wohnungstür ausgesprochene persönliche Einladung, die in der Mehrzahl der Fälle nicht ohne Wirkung bleibt.

2. Aktivierende Elternarbeit

> Es genügt nicht, Eltern bei schließlich zustande kommenden Kontakten zu informieren und an sie zu appellieren. Elternarbeit, die erfolgreich sein will, muss ihnen etwas zu tun geben, sie aktiv in die Berufsorientierung ihrer Kinder einbinden:

Zum einen kann und soll Eltern ihre zentrale Rolle bei der *Entwicklung der Ausbildungsreife* ihrer Kinder nahegebracht werden. *Elementare Grundlagen der Ausbildungsreife* werden in den Familien schon sehr früh durch entsprechende Unterstützung gelegt, und zwar hauptsächlich durch drei Faktoren:

- durch ein *Familienleben, das zugleich Ordnung und Geborgenheit gewährleistet* durch eine klare Strukturierung des Tagesablaufs, durch klare Trennung von Arbeits- und Spiel- bzw. Freizeit, durch von jedem Mitglied (auch den Kindern) eigenverantwortlich übernommene Aufgaben, durch vorgelebte Modelle für Zuversicht, Frustrationstoleranz, Konfliktfähigkeit, Kooperation und Sozialkontakte sowie durch sozial-emotionale Unterstützung der Kinder und Jugendlichen bei Problemen,
- durch ohne Druck erfolgende *intellektuelle Anregung:* durch die Lese-, Schreib- und Gesprächskultur in der Familie, durch vorgelebte Anstrengungsbereitschaft und Disziplin, durch Wertschätzung von Lernen und Bildung, durch Organisation kulturellen Kapitals (Zugang zu guten Büchern, Zeitschriften, Lexika und anderen Medien, Besuch von Sammlungen, Museen, Galerien, Konzerten, Theateraufführungen usw.),
- durch Zeigen von *Interesse an den Lernfortschritten der Kinder und Jugendlichen:* durch das Äußern von hohen (aber realistischen!) Erwartungen hinsichtlich ihrer Leistungen, durch interessiertes und wohlwollendes Verfolgen der schulischen Fortschritte der Kinder, durch Informieren von Verwandten, Bekannten und Freunden über die Erfolge der Kinder und Jugendlichen, durch Motivieren und Loben, aber auch durch Ermutigen und Unterstützen bei Misserfolgen.

In den späteren Schuljahren kommt es vor allem darauf an, Eltern für die Mitarbeit bei der *Entwicklung einzelner Merkmale der Ausbildungsreife* zu gewinnen, welche die Bundesagentur für Arbeit in aller wünschenswerten Ausführlichkeit aufgelistet hat (Bundesagentur für Arbeit 2006). Dabei fallen erforderliche schulische Basiskenntnisse und psychologische Leistungsmerkmale weniger in die Zuständigkeit der Eltern als die elf genannten psychologischen Merkmale des Arbeitsverhaltens und der Persönlichkeit: Durchhaltevermögen und Frustrationstoleranz, Kommunikationsfähigkeit, Konfliktfähigkeit, Kritikfähigkeit, Leistungsbereitschaft, Selbstorganisation bzw. Selbstständigkeit, Sorgfalt, Teamfähigkeit, Umgangsformen, Verantwortungsbewusstsein und Zuverlässigkeit. Diese sind von der Bundesagentur so konkret beschrieben, dass daraus ohne Weiteres Handlungskonsequenzen abzuleiten sind. Für „Durchhaltevermögen" etwa findet man folgende Kriterien (Bundesagentur für Arbeit 2006, S. 42):

- „Sie/Er beendet eine übertragene Aufgabe erst, wenn sie vollständig erfüllt ist."
- „Sie/Er erfüllt Aufgaben und Ziele, die einen kontinuierlichen Arbeitseinsatz erfordern."
- „Sie/Er verfolgt ein Ziel/eine Aufgabe mit erneuter Anstrengung angemessen weiter, wenn vorübergehende Schwierigkeiten auftauchen oder erste Erfolge ausbleiben."
- „Sie/Er kann äußere Schwierigkeiten, Rückschläge und belastende Ereignisse/Erfahrungen erkennen und Lösungsmöglichkeiten entwickeln."
- „Sie/Er kann innere Widerstände reflektieren und konstruktiv bewältigen."

In die Verantwortung von Eltern fällt nach der Meinung von Experten vor allem die Entwicklung von Zuverlässigkeit, Verantwortungsbewusstsein, Durchhaltevermögen und Lern- und Leistungsbereitschaft (BIBB-Pressemitteilung 46/2005).

Neben der Förderung von Ausbildungsreife kommt den Eltern eine wichtige Rolle bei der mit den Kindern und Jugendlichen gemeinsam betriebenen *Auseinandersetzung mit ihren Neigungen, Stärken und Schwächen* zu. Die Entdeckung, Entwicklung und Akzeptanz von Stärken und Schwächen sollte über Jahre hinweg Überlegungen zur Berufswahl begleiten. Vor allem für die der Berufswahl unmittelbar vorangehende Zeit stehen den Eltern dabei vielfältige Hilfen zur Verfügung:

- Die Bundeszentrale für gesundheitliche Aufklärung entwickelte eine sogenannte Elternspielkarte, mit der Eltern und Jugendliche sich gemeinsam über Eignungen und Neigungen klar werden können (http://www.komm-auf-tour.de/index.php?id=18). Dazu gibt es

ein Begleitheft für Lehrkräfte und Schulsozialarbeiter zur Vor- und Nachbereitung eines Erlebnisparcours.
- Die Bundesagentur für Arbeit hat einen Berufseignungstest bzw. Fragebogen für berufliche Interessen ins Netz gestellt, der unmittelbar im Netz ausgefüllt und ausgewertet wird (http://www.ausbildungsoffensive-bayern.de/bet/index.php?impressum=ok&zanpid=1337005780582272001).
- Der Wormser Berufsberater Bastian Bechtel entwickelte das Berufsfindungsspiel „Inselforscher" (http://www.inselforscher.de).
- Es gibt zudem eine Fülle hilfreicher Literatur. Exemplarisch sei genannt: Uwe Britten (2008): Das Berufsausbildungsbuch. Wie Eltern ihre Kinder unterstützen können. Bonn: BALANCE buch+medien verlag.

> Egal welche dieser Hilfen man benutzt oder ob man sie allesamt beiseitelässt: Entscheidend ist, dass es gelingt, einen kontinuierlichen Prozess gemeinsamen Nachdenkens über Neigungen und Eignungen und damit verknüpfte berufliche Möglichkeiten anzustoßen. Die genannten oder ähnliche Hilfsmittel zu benutzen empfiehlt sich vor allem deshalb, weil dadurch ein indirekter Meinungsaustausch mit den Jugendlichen ermöglicht wird, der in der Vorpubertät und Pubertät oft aussichtsreicher ist als die unmittelbare persönliche Aussprache.

Schließlich bedürfen die Jugendlichen der *kontinuierlichen und systematischen Begleitung und Unterstützung durch ihre Eltern bei der Berufsorientierung und Berufswahl*. Als Hilfsmittel dafür sind der Gemeinsame Berufswahlfahrplan der Bundesagentur für Arbeit (http://www.planet-beruf.de/Gemeinsamer-Berufswa.829.0.html?&type=20) und der mittlerweile in zwölf Bundesländern eingesetzte Berufswahlpass (http://www.berufswahlpass.de/) verfügbar, die eine vollständige und termingerechte Abarbeitung aller wichtigen Orientierungs- und Entscheidungsschritte sicherstellen. Der Berufswahlfahrplan ordnet einzelne Handlungsschritte und Aktivitäten des Sichinformierens, Entscheidens, Bewerbens und ggf. Nachfassens über den Zeitraum der letzten beiden Pflichtschuljahre zu einer sinnvollen Gesamtstrategie und gibt detaillierte Hinweise bezüglich möglicher Hilfestellungen durch die Eltern. Der Berufswahlpass enthält in einem ersten Teil Informationen über hilfreiche Angebote der Schule, beschreibt in einem zweiten Teil detailliert die einzelnen Schritte des Weges zur Berufswahl. In einem dritten Teil werden erstellte Unterlagen und erworbene Bescheinigungen dokumentiert, und im vierten Teil, dem „Lebensordner", sind wichtige Informationen und Unterlagen für Wohnungssuche, Umgang mit Geld, Abschluss von Versicherungen, Umgang mit Ämtern usw. enthalten.

Sicherlich könnten die Jugendlichen solche Hilfsmittel auch ohne elterliche Unterstützung benutzen. Im Mittelpunkt sollte auch weniger die technische Hilfestellung und erst recht nicht die Kontrolle durch die Eltern stehen, sondern solche Hilfsmittel sollten primär als Gesprächsanlass genutzt werden.

3. Netzwerk- und Stadtteilarbeit

> Berufsorientierende Elternarbeit ist umso effektiver, je mehr sie unterschiedliche Ansprechpartner und Institutionen vernetzt – im unmittelbaren Umfeld der Jugendlichen neben den Eltern auch andere Verwandte und Bekannte, in der Schule Lehrkräfte und anderes Fachpersonal mit Migrationshintergrund, die als Mediatoren bei Gesprächen mit Migranten eingesetzt werden können, sowie ehrenamtliche Eltern-Paten, Aktiv-Eltern oder Bildungslotsen, die sich der intensiven Betreuung und Beratung von Jugendlichen aus Familien in schwierigen Lebenslagen widmen. Erfolg versprechend ist auch die Kooperation mit Schulpsychologen, Erziehungsberatungsstellen, Sport- und Kulturvereinen, Jugendverbänden und Jugendzentren, Jugend- und Sozialämtern, Arbeitsagenturen, Betrieben und Einrichtungen der Wirtschaft sowie mit Führungspersönlichkeiten im Stadtteil (Politikern, Behördenchefs, Vertretern von Religionsgemeinschaften usw.).

Bewährt haben sich informelle Elterntreffs, bei denen Informations- und Erfahrungsaustausch auf der Grundlage niedrigschwelliger

Peer-to-Peer-Kontakte erfolgen kann, wie sie z. B. die Beratungs- und Koordinierungsstelle zur beruflichen Qualifizierung von jungen Migrantinnen und Migranten in Hamburg organisiert. Dafür werden eigens Eltern als Moderatoren geschult (vgl. http://www-bqm-hamburg.de/media/downloads/Elternschulung.pdf) und mit entsprechendem Informationsmaterial (Medvedev et al. 2007) ausgestattet. Solche in privatem Umfeld stattfindenden Treffs können aber auch als Erzählrunden ablaufen, bei denen Eltern oder andere Personen einander in gemütlicher Atmosphäre ihren beruflichen Lebensweg schildern.

4. Väterarbeit

Elternarbeit ist in Deutschland häufig weithin gleichbedeutend mit Mütterarbeit. Dabei wäre es für Jugendliche ganz allgemein und insbesondere für männliche Jugendliche entscheidend zu erleben, dass auch der Vater Wert auf Bildung und Leistung legt.

> Auch bei der Berufsorientierung spielen die Väter eine bedeutende Rolle – in vielen Fällen leider, ohne sie bewusst und verantwortungsvoll wahrzunehmen. Im Allgemeinen haben Väter mehr Einfluss auf die Berufswahl der Kinder als Mütter.

Vor allen Dingen suchen die Jugendlichen mehr Information bei ihnen, während sie von den Müttern eher emotionale Unterstützung erwarten. Auch wenn dieses Übergewicht des väterlichen Einflusses bei berufstätigen Müttern abnimmt, so sollte doch alles daran gesetzt werden, die Väter in berufsorientierende Elternarbeit einzubinden.

Grenzen berufsorientierender Elternarbeit

Ebenso wie andere Maßnahmen der Unterstützung im Berufsfindungsprozess stößt auch berufsorientierende Elternarbeit an ihre Grenzen bei Jugendlichen mit schlechten oder fehlenden Schulabschlüssen, mit Verhaltensauffälligkeiten (Selbstregulierungsproblemen, geringer Leistungsmotivation, Entwicklungsverzögerungen, Konzentrationsproblemen), mit geringem Selbstwertgefühl und wenig ausgeprägter Selbstwirksamkeitserwartung, die aus „bildungsfernen" Familien an oder unter der Armutsgrenze kommen, die ihnen keinen sozialen Rückhalt und keine Strukturierung des Tagesablaufs bieten. Eine an sächsischen Mittelschulen durchgeführte Untersuchung kam zu dem Ergebnis, „dass eine Schülerklientel existiert, die Eltern besitzen, von denen keine fruchtbaren Beiträge für die Entwicklung ihrer Kinder zu erwarten" ist (Walter 2010, S. 196).

In jedem Fall kommt bei solchen Problemlagen – wie durch eine Untersuchung des Deutschen Jugendinstituts an Leipziger Mittelschülern nachgewiesen wurde – den professionellen und institutionellen Beratern vermehrte Bedeutung zu, da die Jugendlichen im Extremfall ausschließlich auf ihre Unterstützung angewiesen sind (Kuhnke & Reißig 2007, S. 45). In solchen Grenzfällen stellt auch lösungsorientierte Elternarbeit einen zwar aufwendigen, aber Erfolg versprechenden Weg dar (Ellinger 2002). Dieses Konzept der Elternarbeit verzichtet ausdrücklich darauf, Probleme zu analysieren und ihre Ursachen zu ergründen, sondern konzentriert sich darauf, zusammen mit den Eltern und Jugendlichen Lösungen zu suchen. Dies geschieht vor allem
- durch die Entwicklung konkreter Vorstellungen vom gewünschten Zustand,
- durch eine Veränderung der Wahrnehmung, indem man Spuren des gewünschten Zustandes in der Vergangenheit und in der Gegenwart sucht und identifiziert und dadurch den Blick auf sie positiv verändert,
- durch das Anregen eigener Handlungen der Eltern und Jugendlichen, die geeignet sind, günstige Veränderungen zu bewirken, und
- durch das Übertragen der erworbenen Problemlösefähigkeit auch auf andere Probleme und Lebensbereiche, wodurch das Selbstbewusstsein und die Erfahrung von Selbstwirksamkeit bei Eltern und Jugendlichen im Sinne von „Empowerment" gestärkt wird.

Bei extremen Problemlagen hilft nur noch kontinuierliche fachliche und sozialpädagogische Betreuung in kleinsten Gruppen und enge Lernortkooperation mit Betrieben, wie sie z. B. in einem Modellversuch in Kassel erprobt wurde (Wölk 2009) und wie sie an manchen Schulen durch als Berufswahlhelfer fungierende Sozialpädagogen geleistet wird.

Berufsorientierung als partnerschaftliches Anliegen

Man könnte versucht sein zu glauben, dass eine Einflussnahme der Eltern auf Schullaufbahn- und Berufswahlentscheidungen von den Jugendlichen mehrheitlich abgelehnt werde. Auch viele Eltern teilen diesen Glauben und ziehen sich deshalb aus der Elternarbeit zurück. Gleichwohl beruht dieser Glaube auf einem Irrtum: Sekundarschüler wünschen keineswegs ein reduziertes Engagement ihrer Eltern für ihre Schulbildung und Ausbildung (Beveridge 2005, S. 90; Ottke-Moore 2005, S. 1). Auch nach unseren eigenen Untersuchungen an bayerischen Schulen will die Mehrheit der Sekundarschüler keinen solchen Rückzug ihrer Eltern (Sacher 2008, S. 266). Allerdings möchten Sekundarschüler verstärkt, dass man sie in die Kooperation zwischen ihren Eltern, Lehr- und Fachkräften und Partnern aus der Wirtschaft einbezieht (Beveridge 2005, S. 92). Das heißt, berufsorientierende Elternarbeit wird nur erfolgreich sein, wenn sie die Jugendlichen selbst in den Mittelpunkt stellt und partnerschaftlich mit ihnen agiert. Zudem müssen auch die Beziehungen zwischen den Professionals der Schule, den Arbeitsagenturen und der Wirtschaft auf der einen Seite und den Eltern auf der anderen partnerschaftlich organisiert sein als „School-Family-Community-Partnership", wie es dem international verbreiteten Verständnis von „Elternarbeit" entspricht.

1   Hoose & Vorholt 1996; Schweikert 1999; Beinke 2002; Prager & Wieland 2005; Arbeitskreis Einstieg 2004; Puhlmann 2005; Goertz-Brose & Hüser 2006; Reißig 2009

2   Knowles 1998; Marjoribanks 1997; Mau & Bikos 2000; Smith 1991; Wilson & Wilson 1992

Literatur

Arbeitskreis Einstieg (2004): Berufswahl in Hamburg. Eine Umfrage unter Hamburger Schülerinnen und Schülern. Hamburg. http://www.einstieg.com/extern/Berufswahl_HH2004.pdf.

Arbeitskreis Einstieg (2006): Berufswahl in Hamburg. Eine Umfrage unter Hamburger Schülern und Schülerinnen. Hamburg. http://www.einstieg-hamburg.de/fileadmin/documents/ pdf/studie2006.pdf.

Beveridge, S. (2005): Children, families and schools. Developing partnerships for inclusive education. London: Routledge Falmer.

BiBB-Pressemitteilung 46/2005.

Britten, U. (2008): Das Berufsausbildungsbuch. Wie Eltern ihre Kinder unterstützen können. Bonn: BALANCE buch+medien verlag.

Bundesagentur für Arbeit (2006): Nationaler Pakt für Ausbildung und Fachkräftenachwuchs – Kriterienkatalog für Ausbildungsreife. Nürnberg. http://www.bibb.de/dokumente/pdf/a21_PaktfAusb-Kriterienkatalog-AusbReife.pdf.

Bundeszentrale für gesundheitliche Aufklärung (Hrsg.) (2009): komm auf tour. Meine Stärken, meine Zukunft. Begleitheft zur Vor- und Nachbereitung des Erlebnisparcours für Lehrkräfte und Schulsozialarbeitende. 3. Aufl., Köln. http://www.ina-steinfurt.de/pdf/ Lehrkraefte-Begleitheft.pdf.

Ellinger, S. (2002): Lösungsorientierte Elternarbeit in der Ganztagsschule. In: Zeitschrift für Heilpädagogik, 53, 12, S. 486–493.

Gestwicki, C. (2006): Home, school, and community relations. 6. ed., Clifton Park, NY: Wadsworth, Cengage Learning.

Krumm, V. (1996): Schulleistung – auch eine Leistung der Eltern. Die heimliche und die offene Zusammenarbeit von Eltern und Lehrer und wie sie verbessert werden kann. In: Specht, W.; Thonhauser, J. (Hrsg.): Schulqualität. Innsbruck: Studienverlag, S. 256–290.

Krumm, V. (2003): Erziehungsverträge – ein Blick über die Grenzen. Erweiterte Fassung eines Vortrags auf der Tagung „Verträge verbinden – Bildungs- und Erziehungsverträge in der Schule. Bedingungen, Möglichkeiten, Beispiele" des „Bündnisses für Erziehung" im Ministerium für Schule, Wissenschaft und Forschung des Landes Nordrhein-Westfalen am 4.12.2002. http://www.ziehen-eltern.de/texte/Krumm.pdf.

Kuhnke, R. & Reißig, B. (2007): Leipziger Mittelschülerinnen und Mittelschüler auf dem Weg von der Schule in die Berufsausbildung. Halle: Deutsches Jugendinstitut.

Medvedev, A., Eralp, H. & Kümmerle, S. (2007): Handbuch für die interkulturelle Elternarbeit. Hamburg: Koordinierungsstelle Weiterbildung und Beschäftigung.

Ottke-Moore, Carolyn (2005): Did You Know??? What High School Students Think about Their Families Being Involved in School? In: NIUSI (National Institute for Urban School Improvement) (Hrsg.) (2005): Family School Linkages Project: Building Better Relationships Between School Personnel and the Families of their Students. Denver. http://urbanschools.org/ publications/did_you_know.html.

Perkins, D. & Peterson, C. (2005): Supporting young people's career transition choices: the role of parents. Fitzroy Vic./Australien. http://www.bsl.org.au/pdfs/PACT_ interim_report_March05.pdf.

Sacher, W. (2008): Elternarbeit. Gestaltungsmöglichkeiten und Grundlagen für alle Schularten. Bad Heilbrunn: Klinkhardt.

Taylor, J., Harris, M. & Taylor, S. (2004): „Parents have their say about their college-age children's career decisions", National Association of Colleges and Employers, viewed 11 November 2004. http://www.jobweb.com/Resources/Library/Parents/Parents_Have_Their_ 242_01.htm.

Walter, B. (2010): Die berufliche Orientierung junger Menschen. Untersuchungen zur Verantwortung von Gesellschaft und Pädagogik. Frankfurt a. M. u. a.: Peter Lang.

Wölk, M. (2009): Interinstitutionelle Kooperationen als Gestaltungsperspektive für Betriebspraktika im Übergangssystem. In: bwp@ Ausgabe Nr. 17, Dezember 2009. http://www.bwpat.de/ausgabe17/woelk_bwpat17.pdf.

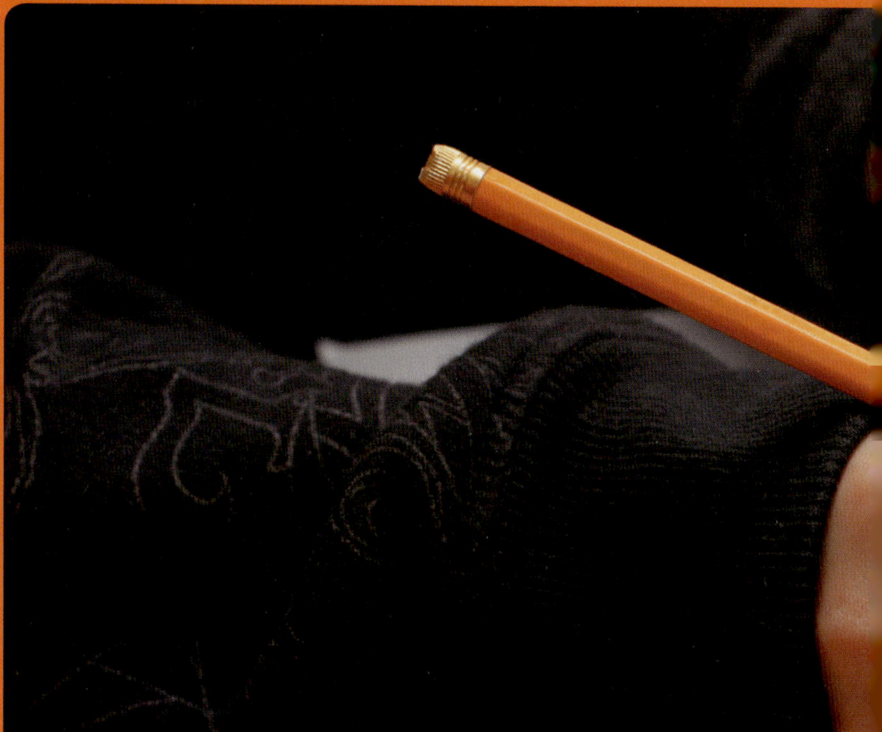

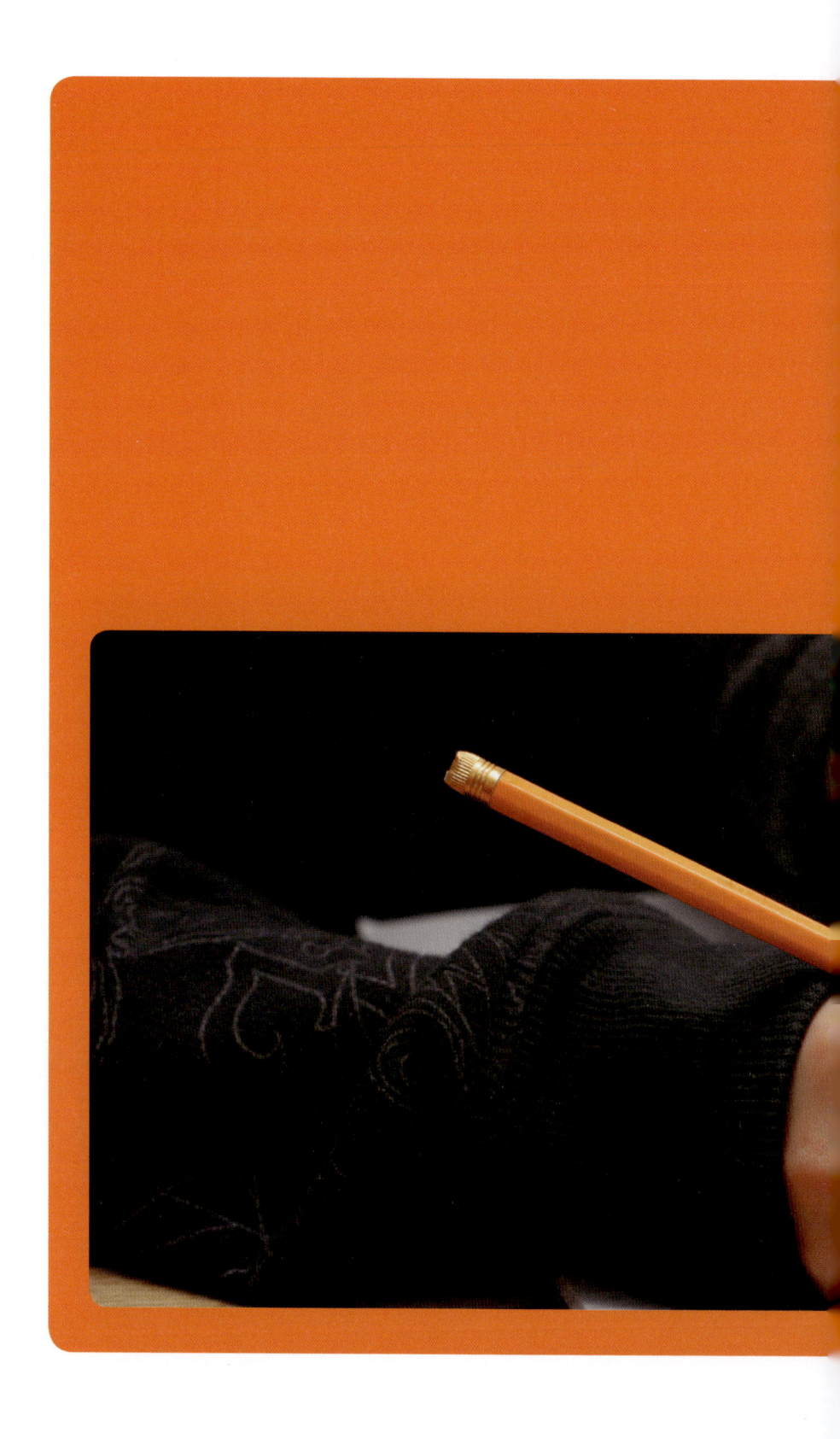

Kapitel 2

Elternbeteiligung im „Regionalen Koordinierungssystem U 25" des Bildungsbüros im Kreis Gütersloh

2 Elternbeteiligung im „Regionalen Koordinierungssystem U 25" des Bildungsbüros im Kreis Gütersloh

Sabine Kaiser

Das Programm „Perspektive Berufsabschluss" des Bundesministeriums für Bildung und Forschung wird im Kreis Gütersloh unter dem Arbeitstitel „Regionales Koordinierungssystem U 25" umgesetzt. Es ist im Bildungsbüro des Kreises Gütersloh in das Fachreferat Übergang Schule – Beruf integriert. Somit richtet sich der Fokus in der folgenden Darstellung auf Eltern als Unterstützer und Begleiter ihrer Kinder in dieser Lebensphase. Bei dem vorliegenden Text geht es darum, auf dem Gebiet der Elternarbeit einen Beitrag zu einem Erfahrungsaustausch zu leisten, Anregungen zu geben und Gelingensfaktoren aufzuzeigen. Dazu sollen Einblicke gegeben werden in:

1. Die Rolle der Eltern im Berufswahlsystem
2. Zielgruppenorientierte Arbeitsschwerpunkte
3. Die Arbeit der Kreisschulpflegschaft e. V.
4. Elternbeteiligung aus interkultureller Perspektive
5. Angebote für Eltern von Realschülerinnen und Realschülern
6. Die Gelingensfaktoren einer aktivierenden Elternbeteiligung

Es handelt sich um eine Momentaufnahme der praktischen Arbeit vor Ort. Unter Berücksichtigung von Erfahrungen in Veranstaltungen mit Eltern und durch das Ausloten vom Bedarf befindet sich die Elternbeteiligung im Rahmen des Koordinierungssystems U 25 in einem stetigen Entwicklungsprozess.

Von der Elternarbeit zu einer aktivierenden Elternbeteiligung: Welche Rolle haben Eltern im Berufswahlsystem?

Unser zentraler Ausgangspunkt ist, dass Eltern in der Phase der Berufsorientierung wichtige Beratende der Jugendlichen sind. Auch wenn in den vergangenen Jahrzehnten der Einfluss der Eltern in vielen Lebensbereichen an Bedeutung verloren hat, weisen aktuelle Studien darauf hin, dass im Prozess der Berufsorientierung und Berufsqualifikation die Eltern eine wichtige Rolle spielen. Selbst in Familien, in denen sich das Verhältnis zwischen Eltern und Jugendlichen eher konfliktreich gestaltet, werden die Eltern als Berater und/oder Vorbild beim Einstieg in das Erwerbsleben gesehen (vgl. Beinke 2005).

Nicht alle Eltern sind sich dieser Rolle bewusst. Viele sehen nur wenige Möglichkeiten, ihren Beitrag zu einem gelingenden Übergang ihrer Kinder von der Schule in den Beruf zu leisten.

> Daraus ergeben sich zunächst folgende Handlungsziele:
> - Eltern sollen für die Bedeutung ihrer Rolle sensibilisiert werden.
> - Eltern benötigen Informationen über Maßnahmen zur Berufsorientierung, Ausbildungsberufe und schulische Weiterbildungsmöglichkeiten sowie Unterstützungsmöglichkeiten zu Erziehungsfragen.
> - Eltern benötigen Anregungen, wie sie ihre Kinder in dieser Lebensphase unterstützen können.

Diese Ziele spiegeln sich in den Aktivitäten des Bildungsbüros wider. Informationsveranstaltungen und Elternabende in Kooperation mit Schulen, der Bundesagentur für Arbeit und anderen Einrichtungen bilden in diesem Prozess wichtige Grundpfeiler. Im Sinne der Nachhaltigkeit gilt es darüber hinaus, weitere Schritte zur Aktivierung der Eltern zu verfolgen.

Das „Koordinierungssystem U 25" im Kreis Gütersloh hat sich zum Ziel gesetzt, angestoßene Prozesse zu gestalten und zu stabilisieren. Eltern kennen ihren Sohn oder ihre Tochter besser als die Lehrerin oder der Lehrer oder die Berufsberatung der Bundesagentur für Arbeit. Deshalb ist es wichtig, Eltern im Berufswahlsystem für die Jugendlichen verstärkt zu beteiligen. Sind Eltern kontinuierlich im Sinne von

Mitwirkung und Teilhabe in den Prozess einbezogen, so lassen sich durch den Dialog zwischen Eltern und den Akteuren des Übergangssystems Angebote passgenauer bereitstellen.

> Angebote im Rahmen des Arbeitsfeldes „Elternbeteiligung im Übergang Schule – Beruf" sollen Eltern anregen,
> - Informationen zu nutzen, die ggf. noch nicht bekannt sind,
> - existierende Beratungs- und Unterstützungsmöglichkeiten in Anspruch zu nehmen,
> - sich mit anderen Eltern auszutauschen und zu vernetzen,
> - Bedarf für eine Unterstützung anzumelden,
> - durch eine Stärkung ihrer Kompetenz ihrer Aufgabe im Berufswahlsystem besser nachkommen zu können.

Um einen gelingenden Übergang der Jugendlichen von der Schule in den Beruf zu unterstützen, sollen deren Eltern zu eigenständigen Akteuren im Berufswahlsystem werden. Das bedeutet, neben dem Informationstransfer die Eltern für ihre Aufgabe zu sensibilisieren und in ihrer Rolle zu stärken.

Zielgruppenorientierte Arbeitsschwerpunkte: Welche Eltern will das Koordinierungssystem U 25 erreichen?

Die Arbeitsschwerpunkte im Übergangsmanagement des Kreises Gütersloh im Bereich der Elternbeteiligung gliedern sich in verschiedene Bereiche, die aus unterschiedlichen Tätigkeitsfeldern entstanden sind.

Im BMBF-Programm „Perspektive Berufsabschluss" wird der Fokus verstärkt auf die Jugendlichen gelegt, die Brüche und Schwierigkeiten im Übergang Schule – Beruf aufweisen. Anhand von Statistiken sind diese leicht zu identifizieren. Es handelt sich vor allem um Schülerinnen und Schüler von Haupt- und Förderschulen sowie um Jugendliche mit Migrationshintergrund. Weiterhin ist hier eine schulformunabhängige Gruppe zu nennen, die sich aus Mädchen und Jungen in problematischen Lebenslagen zusammensetzt. Somit richtet sich die angestrebte Elternbeteiligung insbesondere an Mütter und Väter dieser Jugendlichen.

> Im Rahmen von „Perspektive Berufsabschluss" ist das Fachreferat Übergang Schule – Beruf in der Lage, die Elternbeteiligung mit einem interkulturellen Ansatz zu intensivieren. Seit 2009 liegt hier ein Schwerpunkt der Arbeit. Ebenso konnte aufgrund dieser Ressource auf einen immer stärker werdenden Bedarf reagiert werden: Realschülerinnen und Realschülern gelingt der Übergang in das Erwerbsleben zunehmend schwerer (vgl. OECD-Bildungsbericht 2010).

Das liegt zum einen an der Vielfalt der Übergangsmöglichkeiten, zum anderen ist es bei der Fokussierung dieser Gruppe unerlässlich, weniger schulformspezifisch als vielmehr schülerspezifisch zu analysieren. Auch wenn der formale Abschluss einer Realschule – in der Regel mindestens die Fachoberschulreife – als eine gelungene Voraussetzung für den Übergang Schule – Beruf erscheint, sind die Voraussetzungen der Jugendlichen aufgrund der sehr heterogenen Lebenslagen stark voneinander abweichend.

Angebote des Fachreferats Übergang Schule – Beruf kennzeichnen sich häufig durch o. g. Informations- und Beratungscharakter. Dabei steht das Ziel im Mittelpunkt, die Eltern im Rahmen solcher Veranstaltungen zu motivieren, Unterstützungsleistungen zu übernehmen. Ein gelungenes Beispiel soll im Folgenden vorgestellt werden.

Die Kreisschulpflegschaft e. V.: Wie gestaltet sich die Zusammenarbeit mit Eltern?

Ein wichtiger Kooperationspartner bei der Elternbeteiligung im Übergang Schule – Beruf ist im Kreis Gütersloh die sehr aktive Kreisschulpflegschaft e.V. Als Vorinstitution wurde die Kreisschulpflegschaft im März 2008 in einer konstituierenden Sitzung gegründet. Daraus entstand im Dezember 2008 im Rahmen des Projekts „Erfolgreich in Ausbildung" der Arbeitskreis „Übergang Schule – Beruf" unter Beteiligung von Eltern aller Schulformen der Sekundarstufen I und II. Seitdem wird der Arbeitskreis fachlich von der Fachreferentin Übergang Schule – Beruf des Bildungsbüros oder einer Projektmitarbeiterin begleitet. Inhaltlich setzt sich die Elternschaft intensiv mit dem Thema der Berufsausbildung als Schlüsselfunktion für das spätere Leben ihrer Kinder auseinander. Persönliche Kompetenzen fördern, stärkenorientierte Berufswahl, die Suche nach Ausbildungsstellen, eine erfolgreiche Bewerbung sind Themen, die im Arbeitskreis „Übergang Schule – Beruf" bearbeitet werden.

> **!** Ein wertvolles Produkt des Arbeitskreises ist der Leitfaden „Mein Kind auf dem Weg in den Beruf", eine Handreichung von Eltern für Eltern. Diese Handreichung stößt auf große Resonanz und wird in weitere Sprachen übersetzt. Eltern stellen sich häufig die Frage, wie sie als Elternteil ihr Kind in dieser wichtigen Lebensphase unterstützen und das richtige Maß an Begleitung und auch Loslassen finden können, um die berufliche Entwicklung des Kindes zu fördern. Dieser Leitfaden für Eltern bietet Tipps, Hilfestellung und wichtige Informationen.

Er ist gefüllt mit wertvollen Hinweisen und praktischen Anregungen zur Unterstützung und soll Eltern stärken und motivieren, sich gemeinsam mit ihrem Kind den Herausforderungen im Übergang Schule – Beruf zu stellen, die Potenziale der eigenen Kinder zu erkennen, ihnen positive Rückmeldungen zu geben und somit Selbstvertrauen zu stärken. Es geht darum, zum Beispiel durch die Übernahme von Aufgaben im Haushalt Fähigkeiten zu stärken und Gelegenheiten zu schaffen, sich auszuprobieren. Ein wichtiges Anliegen ist es, die Eltern dafür zu sensibilisieren, dass eine wertschätzende Haltung gegenüber dem Jugendlichen eine Voraussetzung für die Berufsorientierung und letztlich einen gelingenden Übergang in den Beruf darstellt. Seit Juli 2010 ist die Kreisschulpflegschaft als Verein organisiert und arbeitet inhaltlich über das Themenfeld „Übergang Schule – Beruf – Studium" hinaus.

> Weitere Themenfelder des Vereins sind u. a.:
> - Elternmitwirkung
> - Interkulturelle Bildungs- und Erziehungsarbeit
> - Medienkompetenz
> - Rechtschreib- und Leseverständnis
> - Qualitätsanalyse

Im Verein mitwirken können Eltern, Schulen, Institutionen, Unternehmen und weitere Interessierte an den vielfältigen Themenbereichen. Die Kreisschulpflegschaft e.V. organisiert Veranstaltungen, fördert den Transfer gut laufender Projekte, führt Interessen- und Bedarfsabfragen durch und unterstützt Eltern bei der Ausübung ihres gesetzlichen Rechts auf Mitwirkung im Schulwesen. Wie bereits deutlich wurde, ist die Netzwerkarbeit ein zentrales Merkmal der Tätigkeit der Kreisschulpflegschaft e.V. Auch für das Übergangsmanagement des Bildungsbüros stellt die Kreisschulpflegschaft e.V. einen wichtigen Kooperationspartner dar. Durch die direkte Beteiligung kann sichergestellt werden, dass die Interessen von Eltern berücksichtigt werden. Gleichzeitig ist das Engagement und die Vernetzung der Vereinsmitglieder ein Paradebeispiel für eine gelungene Elternbeteiligung.

Elternbeteiligung aus interkultureller Perspektive: Wie erreicht das Übergangsmanagement Eltern mit Migrationshintergrund?

Ausgangslage

Noch immer schaffen Jugendliche mit Migrationshintergrund seltener als deutsche Schülerinnen und Schüler den Übergang von der Schule in den Beruf (vgl. Autorengruppe Bildungsberichterstattung 2010, S. 99). Das bedeutet, dass vonseiten aller Akteure im Berufswahlsystem ein Handlungsbedarf besteht.

Wie bereits angesprochen, stellen Eltern eine herausragende Rolle im Übergang von der Schule in den Beruf dar – auch in Familien mit

Migrationshintergrund haben Eltern die Funktion eines begleitenden und beratenden Vorbildes (vgl. Kuhnke/Müller 2009, S. 58 f.). Vor diesem Hintergrund ist ein besonderes Anliegen, Eltern mit Migrationshintergrund bei der Unterstützung ihrer Kinder zu stärken.

> Zunächst bleibt zu konstatieren, dass sich Eltern mit Migrationshintergrund in einer besonderen Situation befinden. Häufig haben sie selbst nicht das deutsche Schulsystem durchlaufen, was nicht nur zu Lücken im Kenntnisstand, sondern auch zu einer allgemeinen Verunsicherung gegenüber der Institution Schule führen kann. Ebenso berichten Eltern mit Migrationshintergrund – ebenfalls aus Gründen von Unkenntnis oder negativen Erfahrungen im Heimatland – von einer Hemmschwelle gegenüber deutschen Behörden und Institutionen. Bestehen darüber hinaus noch Sprachprobleme, verschärft sich die Situation.

Idee

Vor diesem Hintergrund hat sich das Übergangsmanagement des Kreises Gütersloh mit einem Netzwerk bestehend aus der Bundesagentur für Arbeit, der ARGE/Jobcenter, der Kreisschulpflegschaft e.V., den Integrationsbeauftragten des Kreises und der Stadt Gütersloh sowie der Jugendhilfe auf den Weg gemacht, Eltern mit Migrationshintergrund über das Thema Schule – Ausbildung – Beruf zu informieren und zu beraten. Zur fachlichen Beratung und Durchführung der Veranstaltungsreihe „Schule – Ausbildung – Beruf" wurde die interkulturelle Bildungseinrichtung Mozaik gGmbH aus Bielefeld beauftragt.

> Das allgemeine Ziel dieser Veranstaltungsreihe war es, Eltern mit Migrationshintergrund über ihre Beratungs- und Unterstützungsmöglichkeiten im Kreis Gütersloh zu informieren und eine stärkere Beteiligung an diesen Angeboten zu erreichen. In Anlehnung an das oben beschriebene Verständnis von Elternbeteiligung war es eine wichtige Aufgabe, die Eltern zunächst für ihre Rolle als Unterstützer im Übergangsprozess zu sensibilisieren.

Planung und Realisierung

Aufgrund der bereits dargestellten Überlegungen galt es, in der Planung der Veranstaltungen zunächst Orte, aber auch Formen der Ansprache zu finden, die die Zielgruppe erreichen. Hierzu wurde das Prinzip der „Gehstruktur" in den Mittelpunkt gestellt. Für die Stadt Gütersloh wurden als Veranstaltungsorte eine islamische Gemeinde, eine griechische Gemeinde und eine syrisch-orthodoxe Gemeinde ausgewählt. Weiterhin wurde eine Veranstaltung in der Volkshochschule, in der viele Integrations- und Deutschkurse sowie weitere integrative Veranstaltungen stattfinden, durchgeführt. Auch sollte ein Rahmen geschaffen werden, Aussiedlerfamilien anzusprechen.

In vier weiteren Kommunen des Kreises wurden ein Mehrgenerationenhaus, ein Stadtteilzentrum, ein Familienzentrum sowie eine Schulaula ausgewählt. Das Mehrgenerationenhaus und das Stadtteilzentrum stellen in den jeweiligen Kommunen wichtige Anlaufstellen für Menschen mit Migrationshintergrund dar, sodass an diesen Orten das Prinzip der „Gehstruktur" erfolgreich umgesetzt wurde.

> Nach intensiver Planung fanden im Zeitraum Oktober 2009 bis Juni 2010 im gesamten Kreis Gütersloh acht Informationsveranstaltungen für Eltern mit Migrationshintergrund zum Thema Schule – Ausbildung – Beruf statt. Diese bildeten den Rahmen, um Angebote solchen Formats erstmalig zu erproben. Die thematischen Schwerpunkte der einzelnen Veranstaltungen gliedern sich folgendermaßen:
> - Schule in NRW und Unterstützungsformen im schulischen Kontext
> - duale und schulische Ausbildung
> - Weiterbildung und Anerkennung von Abschlüssen
> - Unterstützung im System der Jugendhilfe

Ein Großteil der Information und Beratung richtete sich explizit an die Rollen als Mutter und Vater, während der Schwerpunkt „Weiterbildung und Anerkennung von Abschlüssen" die Berufssituation der Eltern in den Blick nimmt. Idee dieses Bestandteils ist, dass eine Verbesserung der elterlichen Berufssituation sich positiv auf die gesamten Lebensumstände der Familie und auch auf die berufliche Orientierung der Kinder auswirkt.

Die Referenten der Veranstaltungsreihe setzten sich zusammen aus Mitarbeiterinnen und Mitarbeitern der Netzwerkpartner. Ein leitendes Kriterium bei der Auswahl der Referenten war die Tätigkeit vor Ort. Das bedeutet, dass die Mitarbeiterinnen und Mitarbeiter der Agentur für Arbeit und der ARGE/Jobcenter an den Veranstaltungsorten dabei waren, für die sie in ihrer Beratungstätigkeit zuständig sind. Dies hatte den Vorteil, dass sie Expertinnen und Experten für die lokalen Gegebenheiten sind und gleichzeitig zukünftig als Ansprechpartner zur Verfügung stehen. Ergänzt wurde das Referententeam jeweils durch einen Übergangscoach aus dem Projekt „Erfolgreich in Ausbildung", der an einer ortsansässigen Schule tätig ist. Die Referententeams bestanden aus mindestens einer Person mit Migrationshintergrund. Die Moderation der Veranstaltung übernahm ein Mitarbeiter von Mozaik gGmbH. Dadurch wurden Übersetzungsmöglichkeiten ins Türkische und Arabische sichergestellt. In den meisten Fällen kam ein Komoderator oder eine Komoderatorin aus der Einrichtung hinzu, in der die jeweilige Veranstaltung durchgeführt wurde. Dadurch entstanden eine Brücke zum Publikum und die Option, bei Bedarf in weitere Sprachen zu übersetzen.

> **!** Nach der Auftaktveranstaltung wurde bereits deutlich, dass der Bedarf an Einzelgesprächen und Beratung groß ist. Die Eltern trauen sich, in dieser Gesprächsform Fragen zu stellen und ihre Sorgen zu formulieren. Dies hatte zur Folge, dass der Informationsteil in den folgenden Veranstaltungen stetig gekürzt wurde und die Möglichkeit zu Einzelgesprächen über eine zeitliche Umstrukturierung und eine veränderte räumliche Gestaltung ausgebaut wurde. Ebenso bestätigte sich der Ansatz eines interkulturellen Teams und der Möglichkeit, Informationen zu übersetzen. Es kristallisierte sich heraus, dass diese Elemente eine wichtige Basis für einen ersten Schritt einer aktivierenden Elternbeteiligung aus interkultureller Perspektive darstellen.

Bei den Veranstaltungen wurden Fragen über Beratungsstellen, Fördermöglichkeiten und Möglichkeiten des Aufstiegs und der Nachhilfe im Schul-, Ausbildungs- und Weiterbildungssystem gestellt. Es wurde deutlich, dass gerade die Unterstützungsformen des Jugendamtes und der Jugendhilfe vielen Eltern unbekannt sind und diese Institutionen vielmehr mit Kontrolle und Reglementierung verbunden werden, die Ängste erzeugen. Solche Schwellenängste und Vorbehalte konnten durch die Veranstaltungsreihe reduziert werden.

Die Umsetzung wurde an den einzelnen Orten durch lokale Kooperationspartner unterstützt. Weiterhin beteiligten sich Institutionen wie das Handwerksbildungszentrum der Kreishandwerkerschaft Gütersloh e.V., die IHK Ostwestfalen zu Bielefeld und Mitarbeiterinnen und Mitarbeiter der Kompetenzagenturen. Resümierend bleibt festzuhalten, dass die Veranstaltungsreihe weniger auf einem statischen Konzept basierte, sondern sich vielmehr als ein dynamischer Prozess bezeichnen lässt.

Auswertung

Einige Veranstaltungen waren gut besucht, an anderen Terminen nahmen nur sehr wenige Interessierte teil. Insgesamt konnten an den acht Terminen ca. 190 Personen erreicht werden. Eine abschließende Analyse ermöglichte es, Ursachen für die unterschiedliche Nachfrage zu erkennen. Ein wichtiger Gelingensfaktor für dieses Veranstaltungsformat ist die Einbindung einer Ansprechpartnerin bzw. eines Ansprechpartners vor Ort, der die Menschen und ihre Bedarfe persönlich kennt und die Brücke zwischen Veranstalter und Zielgruppe bauen kann. Durch die Identifikation mit der Veranstaltung können sie überzeugend dafür werben. Als Fazit lässt sich zusammenfassen, dass es in jedem Fall eine große Herausforderung darstellt, die genannte Zielgruppe zu erreichen und das diese „Gehstruktur" ein geeigneter Weg dafür ist. Dabei ist die Auswahl der Veranstaltungsorte von besonderer Bedeutung. Es muss sich um Räumlichkeiten handeln, die für die Eltern eine vertraute Umgebung darstellen und gut zu erreichen sind. Aus diesem Grund können die Veranstaltungen in den Gemeinden und den Räumen von Migrantenorganisationen als besonders erfolgreich beschrieben werden.

> **!** Aufgrund des zunehmenden Interesses lässt sich erkennen, dass es für viele Akteure im Übergang Schule – Beruf ein wichtiges und schwer zu realisierendes Anliegen ist, die genannte Zielgruppe zu erreichen. Die Veranstaltungsreihe des Bildungsbüros im Kreis Gütersloh im Rahmen des BMBF-Programms bietet hier eine konstruktive Grundlage mit zunehmendem Erfolg und Akzeptanz bei Eltern und Kooperationspartnerinnen und -partnern.

Das breite thematische Spektrum der jeweiligen Termine erwies sich als passend für die Erprobungsphase. Für weitere Veranstaltungen sollte jedoch im Vorfeld ein Schwerpunktthema in Anlehnung an die aktuellen Bedarfe der Gemeinde oder Migrantenorganisation identifiziert werden, um intensiver ins Gespräch zu kommen.

Ergebnis

> **!** Ein Ergebnis der Veranstaltungsreihe ist die Anbahnung eines kreisweiten Netzwerks von beteiligten Akteuren und Institutionen, das es sich auch weiterhin zur Aufgabe machen wird, Angebote für Eltern fortzuführen und zu optimieren. Zum momentanen Zeitpunkt gilt es, Organisationsmöglichkeiten zu finden, um die erprobten Veranstaltungsformen in die Nachhaltigkeit zu führen. Dabei stellt sich die Frage der Koordination sowie der Gestaltung von Veranstaltungen, um den jeweiligen Bedarf der Elternschaft in den Regionen gerecht zu werden. Eine wichtige Erkenntnis ist die Bedeutung kommunaler Expertisen und lokaler Ansprechpartnerinnen und Ansprechpartner. In der Praxis sind diese Schlüsselfiguren neben Vorsitzenden von Migrantenorganisationen, Pfarrern aus den Gemeinden auch Mitarbeiterinnen und Mitarbeiter von Integrationsfachdiensten sowie Integrationsbeauftragte. Die Aktivierung von Eltern mit Migrationshintergrund kann nur vor Ort angestoßen werden und wachsen. Die Aufgabe einer zentralen Einrichtung wie der des Bildungsbüros ist es, solche Bemühungen zu unterstützen.

Die Reflexion und Auswertung der Veranstaltungsreihe wird einer großen Fachöffentlichkeit zur Verfügung gestellt: Ein Meilenstein in diesem Prozess stellt eine Fachtagung dar, bei der lokale Akteure und Entscheider sowie Menschen mit Migrationshintergrund in der Funktion als Multiplikatoren mittels Expertenimpulsen und Workshops an den Inhalten und Organisationsformen weiterarbeiten.

Elternbeteiligung an Realschulen: Warum gibt es ein spezifisches Angebot für Eltern von Realschülerinnen und Realschülern?

Ausgangslage

Ein weiteres Angebot des Bildungsbüros des Kreises Gütersloh richtet sich an Eltern von Realschülerinnen und Realschülern. Im Übergang Schule – Beruf stehen häufig die Schülerinnen und Schüler der Haupt- und Förderschulen im Fokus. Ihnen werden über die Schulen landes- und bundesweite Förderprojekte zuteil. Doch wie bereits erwähnt, verläuft auch für viele Realschülerinnen und Realschüler der Übergang von der Schule in den Beruf nicht ohne Schwierigkeiten. Anhand der Bewerberstruktur im September 2009 im Kreis Gütersloh lässt sich ermitteln, dass unter den Altbewerbern für eine Lehrstelle 33,5 % einen Realschulabschluss nachweisen können (vgl. Arbeitsagentur Bielefeld 2010). Bereits der Verweis auf den OECD-Bildungsbericht 2010 verdeutlicht, dass im Übergang von der Realschule in den Beruf ein Handlungsbedarf besteht.

Das Spektrum an schulischen und beruflichen Übergängen am Ende der Sekundarstufe I ist auch für Realschülerinnen und Realschüler weit gespannt und teilweise unübersichtlich. Neben der schulischen Weiterqualifikation gibt es eine Vielfalt an Ausbildungsberufen. Notwendig ist hier, die Jugendlichen und ihre Eltern durch Informationen und Beratung zu unterstützen, sodass eine passgenaue Berufswahl erfolgt. Vor dem Hintergrund eines bereits vorhandenen und sich weiter zuspitzenden Fachkräftemangels wird dieser Handlungsbedarf nochmals deutlich gestärkt. Für einen gelingenden Übergang von der Schule in den Beruf ist es auch hier notwendig, die Eltern als wichtige Ressource im Prozess der Berufswahl anzusprechen.

Idee und Realisierung

Um auf die Chancen der dualen Ausbildung hinzuweisen und Transparenz im Bereich der Unterstützungsmöglichkeiten im Übergang Schule – Beruf herzustellen, entstand zwischen dem Bildungsbüro und der Bundesagentur für Arbeit die Idee, ein entsprechendes Informationsformat bereitzustellen. In weiterer Kooperation mit der Kreisschulpflegschaft e. V. wurde im Herbst 2009 erstmalig im Kreishaus für die Eltern von Schülerinnen und Schülern der Klasse 9 der Gütersloher Realschulen ein entsprechendes Format angeboten.

Die Veranstaltung informierte über:
- zukunftsträchtige Ausbildungsberufe unter Berücksichtigung des regionalen Arbeitsmarktes
- Maßnahmen zur Berufsorientierung
- Unterstützungsmöglichkeiten der Kreisschulpflegschaft e. V.

Aufgrund der hohen Resonanz von über 200 Zuhörerinnen und Zuhörern bei der Pilotveranstaltung wurde dieses Angebot fortgeführt. Die Elternabende werden seit einem Jahr zentral im Kreishaus oder in den Schulen im Kreisgebiet angeboten. In der Regel richten sich die Veranstaltungen an die Eltern der Jahrgangsstufe 9. Auf Wunsch von Schulleitungen können auch Eltern anderer Jahrgangsstufen eingeladen werden. Die Einladungen für die Eltern werden über die Schulen verteilt. Um dem Angebot eine hohe Verbindlichkeit zu geben, melden die Eltern sich über die Schulen zu den Veranstaltungen an.

Auswertung

Diese Abende stoßen nach wie vorauf eine hohe Nachfrage.

> Die Schulleitungen melden zurück, dass es sich um eine gute Unterstützung der schuleigenen Bemühungen handelt, die Eltern in die Berufswahl einzubinden. Bemerkenswert ist, dass auch Schülerinnen und Schüler das Angebot wahrnehmen. Werden diese Veranstaltungen gemeinsam von Eltern und Jugendlichen besucht, so bilden die Abende eine gute Grundlage, um im Anschluss daran miteinander ins Gespräch zu kommen. Über Gespräche in der Familie wird eine Aktivierung der Eltern gefördert und sich somit dem Ziel der Elternbeteiligung ein Schritt genähert.

Fazit: Welche Gelingensfaktoren kennzeichnen die Erfahrungen im Rahmen einer aktivierenden Elternbeteiligung?

Die beschriebenen dezentralen Veranstaltungen haben unterschiedliche Zielgruppen und Vorgehensweisen. Beide Veranstaltungsformate binden lokale Akteurinnen und Akteure sowie Expertinnen und Experten ein.

Zum einen gilt es, das „Wissen vor Ort" zu nutzen: Mitarbeiterinnen und Mitarbeiter in Integrationsfachdiensten, Schulleitungen, Übergangscoaches aus dem Programm „Erfolgreich in Ausbildung" und Schulsozialarbeiter, die Zielgruppen und deren Bedarf benennen. Zum anderen sind die genannten Personen als Kooperationspartner unerlässlich für die direkte Ansprache. Dabei können sie durch die stetige Kommunikation vor Ort eine nachhaltige Aktivierung der Elternschaft erreichen. So ist in verschiedenen ethnischen Communitys Werbung für eine Veranstaltung ausschließlich über Vertrauenspersonen möglich. Bei anderen Veranstaltungen für und mit Eltern sind Schulleitungen und Lehrkräfte, Mitarbeiterinnen und Mitarbeiter der Jugendhilfe, Vertreterinnen und Vertreter der Schulpflegschaften sowie Berufsberater vor Ort wichtige Ansprechpartnerinnen und Ansprechpartner für das Bildungsbüro.

> Zusammenfassend lässt sich sagen, dass eine gelungene Netzwerkarbeit die Basis für eine erfolgreiche Aktivierung der Eltern darstellt. Für die Zukunft gilt es daher,
> - bereits bestehende Angebote zu identifizieren,
> - gemeinsame Ziele abzustecken,
> - Aufgabenverteilungen vorzunehmen,
> - einen stetigen Austausch im Sinne einer Qualitätssicherung zu installieren.

Das Spektrum an Informations- und Unterstützungsbedarf bei Eltern von Realschülerinnen und Realschülern oder Eltern mit Migrationshintergrund ist vielfältig. Dem individuellen Bedarf, der aus diversen Familienkonstellationen und Bildungsbiografien der Jugendlichen entsteht, ist in jedem Falle Rechnung zu tragen. So müssen auch bei der Ansprache von Eltern die unterschiedlichen Rollen der beiden Elternteile mitgedacht werden. Die beschriebenen Angebote im Kreis Gütersloh werden umsichtig und zielgerichtet geplant. Sie sind ein Schritt zu dem eingangs beschriebenen Ziel, beide Elternteile stärker in das Berufswahlsystem einzubinden.

Literatur

Beinke, Lothar (2005): Berufsorientierung: der erste Schritt zum Ausbildungserfolg. In: Wirtschaft und Berufserziehung, Nr. 7–8, S. 276–279.

Organisation für wirtschaftliche Zusammenarbeit und Entwicklung (Hrsg.): Bildung auf einen Blick 2010. W. Bertelsmann Verlag, Bielefeld.

Richter, Thomas (2010): Ausbildungs- und Arbeitsmarktsituation der Jugendlichen im Kreis Gütersloh. Präsentation zur 6. Jugendkonferenz im Kreis Gütersloh, 23.06.2010.

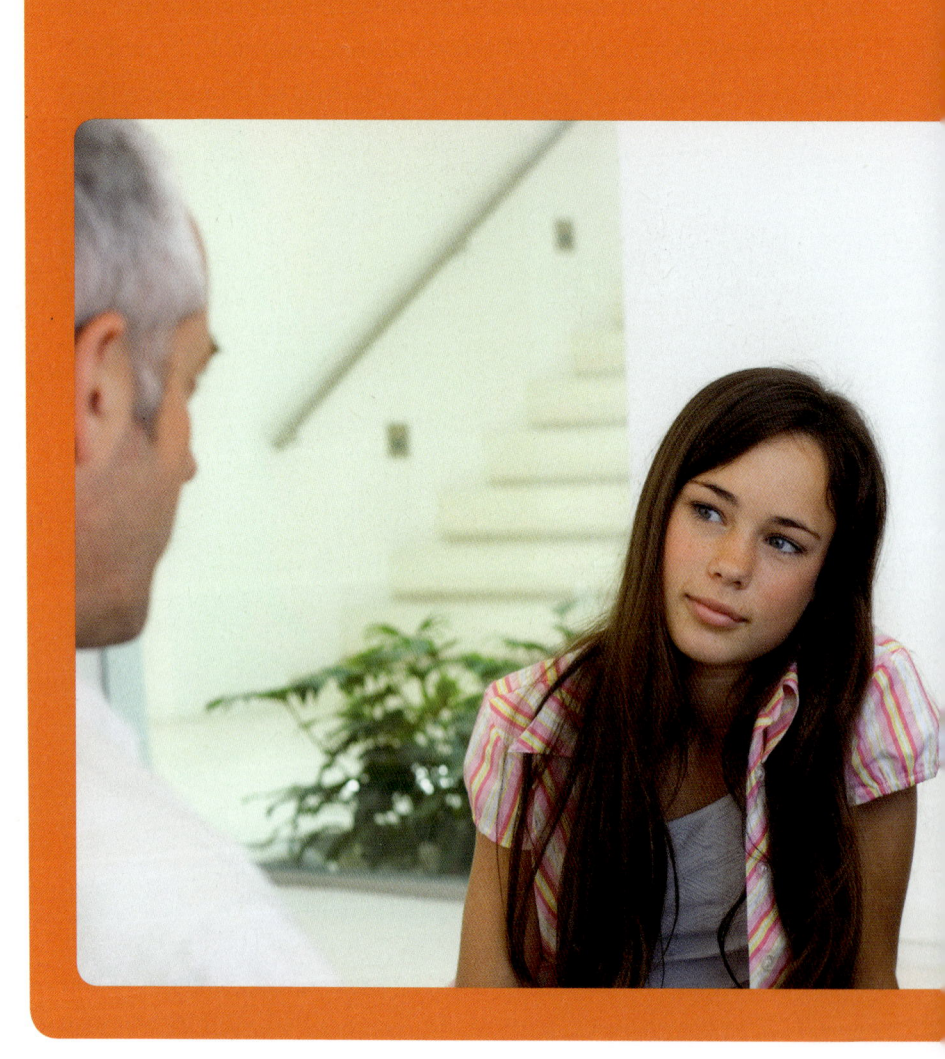

Kapitel 3

Elternbrief „Berufswahl gemeinsam erleben"

3 Elternbrief „Berufswahl gemeinsam erleben"

Ines Lieske, Manja Seiffert

Regionaler Kontext

Hoyerswerda ist Große Kreisstadt im Landkreis Bautzen an der nordöstlichen Grenze des sächsischen Regierungsbezirks Dresden und befindet sich am südlichen Rand des entstehenden Lausitzer Seenlandes (vgl. Stadt Hoyerswerda 2010). Die Wirtschaftsregion ist durch eine Strukturschwäche gekennzeichnet, welche auf den Zusammenbruch der Monoindustrie (Bergbau und Energiewirtschaft) nach der Wiedervereinigung zurückzuführen ist. Der damit einhergehende Strukturwandel ist geprägt durch eine stark rückläufige Einwohnerzahl (46 % seit 1990) und einem relativ hohen Durchschnittsalter (48,3 Jahre). Dies hat starke Auswirkungen auf die Ausbildungsstellensituation. Die Arbeitslosenquote für den Geschäftsstellenbereich Hoyerswerda der Bundesagentur für Arbeit beträgt aktuell 12,8 % bezogen auf alle zivilen Erwerbspersonen (vgl. Bundesagentur für Arbeit, Statistik, Agentur für Arbeit Bautzen 2010). Im gesamten Agenturbezirk Bautzen beläuft sie sich zum gleichen Zeitpunkt auf 11,6 %. Auffallend ist in diesem Zusammenhang, dass ausgehend von der Arbeitslosenquote Hoyerswerdas mehr als 11 % jünger als 25 Jahre sind (vgl. Bundesagentur für Arbeit, Statistik, Agentur für Arbeit Bautzen 2010). Am Übergang Schule – Beruf haben sich für unversorgte Jugendliche, die keinen betrieblichen Ausbildungsplatz bekommen haben, sogenannte „Zwischenschritte" institutionalisiert. Diese Ausbildungsplatzalternativen reichen von berufsvorbereitenden Bildungsmaßnahmen über Einstiegsqualifizierungen bis zu jugendspezifischen Arbeitsgelegenheiten mit Mehraufwandsentschädigung. Einigen Jugendlichen bahnt dieses Zwischensystem den Weg in die Berufsausbildung, andere werden jedoch vom Ausbildungssystem abgekoppelt, verharren in diesen Warteschleifen und kommen ihrem primären Ziel, der Einmündung in Berufsausbildung, nicht näher (vgl. Bertelsmann Stiftung, Bundesarbeitsgemeinschaft Schule – Wirtschaft, MTO Psychologische Forschung und Beratung GmbH 2008, S. 9).

Aus dieser Situation heraus begründet sich die Notwendigkeit, in Hoyerswerda ein Regionales Übergangsmanagement für den Übergang von der Schule in den Beruf aufzubauen.

> Durch das vom Bundesministerium für Bildung und Forschung geförderte Programm „Perspektive Berufsabschluss" mit der Förderinitiative „Regionales Übergangsmanagement" (RÜM) besteht aktuell die Möglichkeit, diesen Übergang als einen von mehreren relevanten in der gesamten Bildungsbiografie junger Menschen zu bearbeiten und Strukturen für ein besseres Gelingen aufzubauen.

Zu Beginn des Projektes war unter anderem eine Ist-Stand-Analyse zur Berufs- und Studienorientierung an den allgemeinbildenden weiterführenden Schulen in Hoyerswerda notwendig, um in diesem Handlungsfeld Schwerpunkte zu setzen.

Im Sozialraum 1 des Landkreises Bautzen befinden sich insgesamt acht allgemeinbildende weiterführende Schulen, eine Schule zur Lernförderung, vier Mittelschulen und drei Gymnasien sowie ein Berufsschulzentrum.

> Betrachtet man die Ist-Stand-Erhebung in Hinblick auf die Elternarbeit, dann fallen einige Aspekte auf. Neben unterschiedlichen Informations- und Beratungsangeboten versuchen alle Schulen, die Kontakte zu den Eltern nicht nur über Elternabende zu halten, sondern sie versuchen auch, Eltern aktiv in den Berufsorientierungsprozess einzubeziehen. Eltern stellen u. a. im Unterricht ihren beruflichen Lebensweg vor oder bieten Betriebsbesichtigungen an ihrem Arbeitsplatz an. Somit stehen Eltern als kompetente Ansprechpartnerinnen und Ansprechpartner für Schülerinnen und Schüler sowie Lehrerinnen und Lehrer zur Verfügung.

Im Landkreis Bautzen bilden die Vorsitzenden der Elternräte aller Schulen den Kreiselternrat. Der Kreiselternrat vertritt die schulischen Interessen der Eltern aller Schulen seines Bereiches. Ferner hat er die Aufgabe der Koordination und Unterstützung der Arbeit der Elternräte der Schulen (§ 48 SchulG). Darüber hinaus gibt es an jeder der aufgeführten allgemeinbildenden weiterführenden Schulen eine Schulelternsprecherin bzw. einen Schulelternsprecher, welche zusammen den Elternrat des Sozialraums 1 des Landkreises Bautzen bilden (vgl. Kreiselternrat Bautzen 2010).

Zielgruppe

Der Übergang von der Schule in eine berufliche Ausbildung stellt nicht nur für Schülerinnen und Schüler eine besondere Herausforderung dar, auch Eltern kommt bei der Wahl des richtigen Ausbildungs- und Studienplatzes ein besonderer Part zu. Durch ihr Vorbild können sie Jugendliche bei der Auseinandersetzung mit dem zukünftigen Beruf und bei der Entscheidung für ihren beruflichen Weg unterstützen, motivieren und fördern. Auf der einen Seite ist der Einfluss von Eltern auf die Berufswahl ihrer Kinder traditionell größer als anderer Personen und Systeme, auf der anderen Seite haben Eltern keine festgeschriebene Rolle bei der Berufsorientierung ihrer Kinder. Stattdessen gibt es eine große Anzahl von Möglichkeiten, Wegen und Fragen, mit denen Eltern sich auseinandersetzen müssen. Ist es besser, sich bei der Berufswahl seines Kindes herauszuhalten, oder sollten sich Eltern gezielt engagieren? Eltern werden in der Phase der Berufswahl mit den verschiedensten Erwartungen konfrontiert. In Ratgebern für Eltern wird oft ein bestimmtes Elternprofil vorgegeben, Eltern, die nach abgeschlossener Ausbildung berufstätig sind (vgl. Puhlmann 2005, S. 3). Dass die Realität in Hoyerswerda anders aussieht, zeigen die bereits dargestellten Strukturdaten des Arbeitsmarktes des Agenturbezirkes Bautzen. Das traditionelle Bild einer berufstätigen Familie ist somit nicht übertragbar. Dies muss bei der Einbeziehung von Eltern in den Berufsorientierungsprozess beachtet werden.

Zielstellung

> Die schulische Berufs- und Studienorientierung ist in ihren derzeitigen Herausforderungen nur in enger Kooperation mit Eltern zu bewältigen. Für den Erfolg der Berufs- und Studienorientierung ist eine transparente und gut funktionierende Kommunikation von zentraler Bedeutung, denn Kommunikation ermöglicht Vernetzung, Transparenz und Kooperation. Elternbeirat und Elternverbände sind wichtige Gremien im Hinblick auf den Berufs- und Studienwahlprozess. Die Kooperation mit den Eltern funktioniert im Schulalltag nicht immer so effektiv, wie man es sich wünschen würde. Für eine gelingende Zusammenarbeit ist eine intensive und gut funktionierende Kommunikation zwischen den Eltern und der Schule zwingend notwendig. Dabei ist wichtig, Eltern in das gesamte Übergangsgeschehen Schule – Beruf einzubeziehen. Dies könnte beispielsweise durch Elternabende und Elterninformationsbriefe geschehen.

Eine Aufgabe des RÜM Hoyerswerda ist es, den Informationsaustausch zwischen den Kooperationspartnern anzuregen sowie wichtige Informationen an die Akteure weiterzugeben. Zum einen geht es um den Austausch von Berufs- und Studienorientierungsinhalten mit den Lehrkräften, die entsprechende Maßnahmen durchführen, zum anderen ist die Kommunikation zu regionalen Betrieben, öffentlichen Einrichtungen und Eltern zu pflegen (vgl. Bertelsmann Stiftung, Bundesarbeitsgemeinschaft Schule – Wirtschaft, MTO Psychologische Forschung und Beratung GmbH 2010, S. 33). Eltern von Schülerinnen und Schülern an allgemeinbildenden weiterführenden Schulen, Berufsschulen und von Jugendlichen in berufsvorbereitenden Maßnahmen werden durch das RÜM Hoyerswerda über die inhaltlichen Entwicklungen und Entscheidungen informiert und aktiv eingebunden. Das RÜM Hoyerswerda organisierte in diesem Zusammenhang verschiedene Veranstaltungen mit Eltern. Elternabende wurden am Berufsschulzentrum Hoyerswerda mit Eltern von Schülerinnen und Schülern aus dem Pilotprojekt „Gestrecktes BVJ" sowie mit den Schulelternsprecherinnen und Schulelternsprechern des Sozialraums

1 des Landkreises Bautzen durchgeführt. Neben der Vorstellung des Regionalen Übergangsmanagements wurden Experten eingeladen, die die Eltern über den aktuellen Stand der Ausbildungssituation im Agenturbezirk Bautzen informierten. In offenen Gesprächsrunden reflektierten und bewerteten die Eltern den Berufs- und Studienwahlprozess an den Schulen. Als Ergebnis dieser gemeinsamen Sitzung ergab sich insbesondere der Wunsch der Eltern nach besserer Information und Kommunikation, die Eltern aller Bildungsschichten mit einbezieht. Zentral hierbei ist, dass Eltern nur die Informationen erhalten, die sie tatsächlich betreffen. Somit wird vermieden, Eltern mit Informationen zu überfluten. Aus diesem Anliegen entstand die Idee eines Elternbriefes mit der Intention, nicht nur Jugendliche, sondern auch Eltern für den Berufsorientierungsprozess zu aktivieren und somit verstärkt für den Übergang Schule – Beruf zu sensibilisieren. Eltern sollen Beratungswege aufgezeigt sowie über die verschiedenen Angebote in der Berufs- und Studienorientierung informiert werden.

Inhalte und Methoden

M Das erste Arbeitstreffen zum Elterninformationsbrief fand auf Initiative des RÜM Hoyerswerda statt. Hierbei wurden Vertreterinnen und Vertreter des Kreiselternrates und der Agentur für Arbeit Bautzen zu einem gemeinsamen Ideenaustausch eingeladen. RÜM legte dabei großen Wert auf die Auswahl der Räumlichkeiten dieses Arbeitstreffens, da eine lockere Atmosphäre wichtig für einen angeregten und vor allem interaktiven Gedankenaustausch ist. So entschied man sich bewusst dafür, Arbeitstreffen in einem Restaurant durchzuführen und eben nicht in den Räumlichkeiten einer Schule. Im Arbeitstreffen mit Eltern und Mitarbeiterinnen und Mitarbeitern der Agentur für Arbeit wurde die moderierte Gesprächsführung in einer Art „Brainstorming" gewählt. Das RÜM führte in das Themengebiet ein und stellte Anschauungsmaterial, wie Beispiele von Elternbriefen aus anderen Regionen zur Berufs- und Studienorientierung sowie Unterlagen der Agentur für Arbeit, zur Verfügung.

Neben dem Inhalt waren die Gestaltung, die Verteilung und die Veröffentlichung des Elterninformationsbriefes weitere thematische Schwerpunkte. Das Brainstorming führte dabei zu folgenden Ergebnissen:

Gestaltung	- A5-Format (maximal 4 Seiten) - farbige, auffallende Aufmachung - thematische Fotos und Bilder - kreativer, ansprechender Titel, wie zum Beispiel „Elternpost" - kurze, verständliche Textpassagen
Inhalt	- Verweis auf den Kreiselternrat - Vorstellung des Berufsberaterteams der Agentur für Arbeit Bautzen - Hinweis auf den Berufswahlpass - Tipps/Ratschläge zur Berufs- und Studienorientierung - Möglichkeiten zur Recherche für Praktika und Ferienarbeit - wichtige Ansprechpartner: Wer hilft wann weiter? - wichtige Veranstaltungstermine für Eltern und Schüler - Checkliste/Fragebogenerstellung: Leitlinien für Eltern und Schüler beim Besuch von Fachveranstaltungen
Veröffentlichung	- Bekanntgabe über Presseartikel - Beilage im Amtsblatt - Verlinkung auf der Schulhomepage - Ausgabe mit Beginn des Schulhalbjahres - zwei Ausgaben pro Schuljahr
Verteilung	- landkreisweit - Weitergabe über schuleigenen Elternbrief - Vorstellung in der ersten Elternversammlung im Schulhalbjahr - Verteilung an den Elternabenden über die Schulelternsprecherinnen und Schulelternsprecher - Auslage in den Ämtern (Bundesagentur für Arbeit, ARGE, Jugendamt etc.)

Statement aus der Projektarbeit

Eltern eines Schülers des Léon-Foucault-Gymnasiums Hoyerswerda:

„Den Elternbrief haben wir beim Elternabend im Foucault-Gymnasium bekommen. Ich finde diese Information erst mal gut. So hat man einen Überblick über die Möglichkeiten. Eine Frage blieb bei mir offen: Was ist ein Berufswahlpass? Und wo bekommen wir ihn? Vielleicht könnte das näher erläutert werden. Wir freuen uns auf die nächste Post."

Literatur

Bertelsmann Stiftung (Hrsg.) (2008): Leitfaden lokales Übergangsmanagement. Von der Problemdiagnose zur praktischen Umsetzung , Gütersloh

Bertelsmann Stiftung, Bundesarbeitsgemeinschaft Schule – Wirtschaft, MTO Psychologische Forschung und Beratung GmbH (Hrsg.) (2010): Leitfaden Berufsorientierung Praxishandbuch zur qualitätszentrierten Berufs- und Studienorientierung an Schulen, Gütersloh

Bundesagentur für Arbeit für Statistik, Agentur für Arbeit Bautzen (Hrsg.) (2010): Aktuelle Arbeitsmarktreports nach Agenturen für Arbeit August 2010, Bautzen (http://www.pub.arbeitsagentur.de/hst/services/statistik/detail/a.html, 27.09.2010)

Kreiselternrat Bautzen (Hrsg.) (2010): http://www.kreiselternrat-bautzen.de/, 29.09.2010

Puhlmann, Angelika (2005): Die Rolle der Eltern bei der Berufswahl ihrer Kinder (http://www.bibb.de/dokumente/pdf/a24_puhlmann_ElternBerufswahl.pdf, 30.09.2010)

Stadt Hoyerswerda (Hrsg.) (2010): Stadtporträt: Region (http://www.hoyerswerda.de/index.php?language=de&m=1&n=7#content, 30.09.2010)

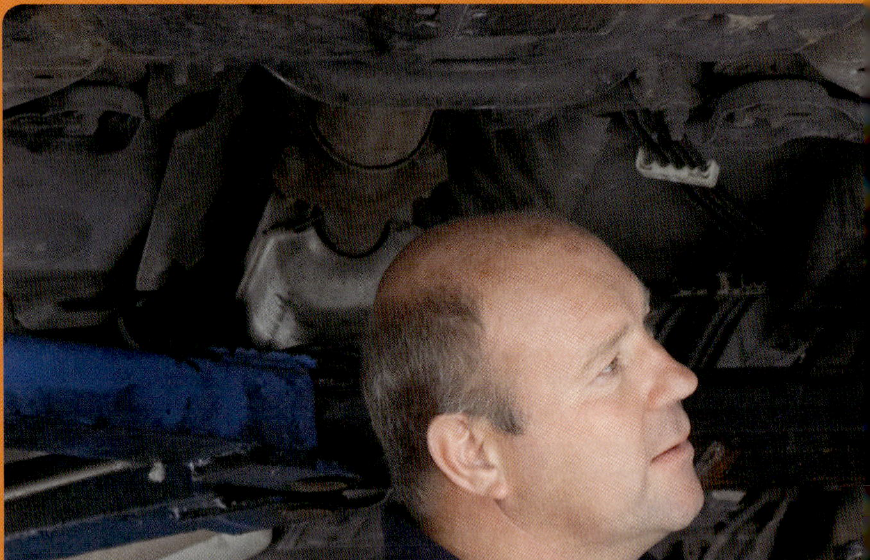

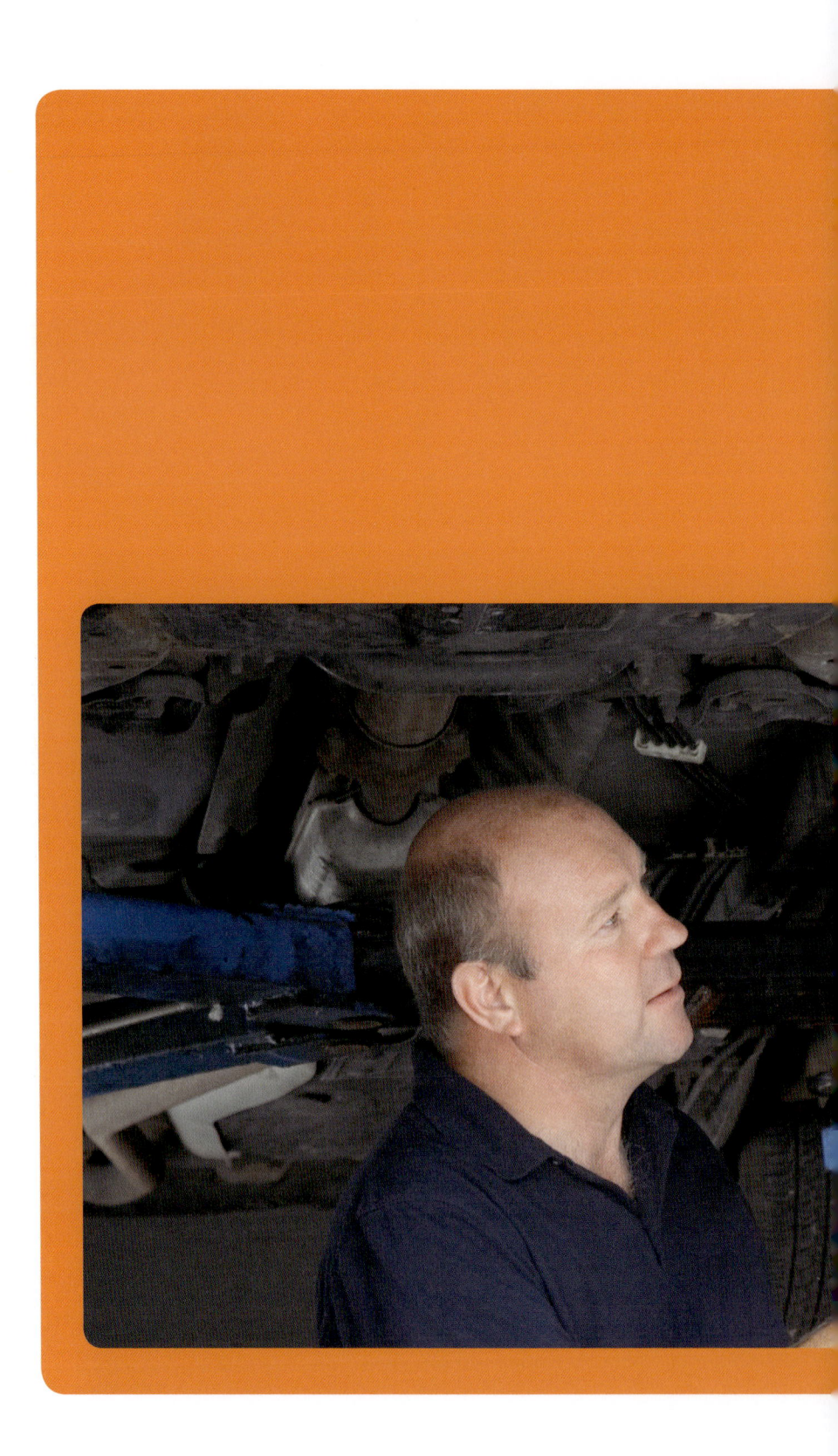

Kapitel 4

Themenreihe „Eltern und Jugendliche stellen Berufe vor"

4 Themenreihe „Eltern und Jugendliche stellen Berufe vor"

Heidrun Wolle

Regionaler Kontext

Die Stadt Fürstenwalde war bereits seit Jahren darum bemüht, die Übergänge der Jugendlichen von der Schule in die Arbeitswelt zu systematisieren und das Übergangsgeschehen – soweit möglich – kommunal zu koordinieren.

> **!** Es ging vor allem darum, den Informationsfluss zu verbessern, Transparenz zu schaffen und die Maßnahme- und Hilfeplanung so zu gestalten, dass sie akteursübergreifend abgestimmt wurde. Erreicht werden sollte zum einen eine Verringerung von Überschneidungen bei Maßnahmen und Beratungsangeboten, zum anderen sollten Lücken bei den „aufsuchenden Angeboten" identifiziert und geschlossen werden. Hauptziele waren: Eröffnung von individuellen Berufsperspektiven für Jugendliche und die Sicherung des Fachkräftenachwuchses für Unternehmen in der Region.

Zur Verwirklichung dieser Ziele hat sich das Übergangsmanagement Schule – Beruf verschiedene Arbeitsschwerpunkte vorgenommen: Berufs- und Studienorientierung, strukturelle Maßnahme- und Hilfeplanung, Ausbildungsbegleitung und die Elternarbeit.

Die Projektspezifika bestehen darin, dass die institutionelle Verankerung in der Stabsstelle der Wirtschaftsförderung der Stadt Fürstenwalde erfolgte und die fachliche Einbindung in das Standortentwicklungskonzept des Regionalen Wachstumskerns als Teil der seit 2006 bestehenden „Initiative Fach- und Nachwuchskräftesicherung Fürstenwalde/Spree" ermöglichte.

Ziele von Elternarbeit und Zielgruppen von Eltern

In unserer Region leben etwa 600 Familien, deren Kinder sich gegenwärtig im Prozess der Berufsorientierung befinden.

Die derzeitige Intensität der Beteiligung von Eltern war bei den Aktivitäten wichtiger Akteure sehr unterschiedlich. Die konkrete Umsetzung beabsichtigter Elternarbeit war und ist nicht zufriedenstellend. Ein im Mai 2009 durchgeführtes Fachgespräch zum Thema „Eltern als Partner der beruflichen Orientierung gewinnen – mögliche Wege in der Region Fürstenwalde" mit Interessierten aus ganz unterschiedlichen Lebens- und Erfahrungsbereichen diente dazu, nach Instrumenten und Methoden zur Ansprache, Sensibilisierung, (Re-)Aktivierung und Partizipation von Eltern bei der Berufsorientierung ihrer Kinder zu suchen.

> Drei Fragen haben uns dabei besonders interessiert:
> - Wie sind die derzeitigen Zugangswege und die Erreichbarkeit der Zielgruppe „Eltern"?
> - Welches sind die inhaltlichen, insbesondere niedrigschwelligen Angebote für Eltern auf dem Gebiet der Berufsorientierung durch die einzelnen Akteure?
> - Wo sehen wir Ressourcen bei den Eltern, die für den Prozess der Berufsorientierung mobilisiert werden müssen?

Hier wurden verschiedene Ideen zu Aktionen zur Elternbeteiligung, Elternmitwirkung und Elternmitarbeit entwickelt, unter anderem auch die Themenreihe „Eltern und Jugendliche stellen Berufe vor". Insbesondere ging und geht es hierbei um die Erreichbarkeit von benachteiligten Elternhäusern und Jugendliche mit sozial schwierigen Bedingungen am Übergang Schule – Beruf.

Thematische Schwerpunkte und methodische Ansätze

Der Ansatz ist eine andere Art der Vermittlung von Berufsorientierung und Lebensplanung für diese Zielgruppe. Eltern und Jugendliche sollten gleichermaßen beteiligt werden, mitwirken und mitarbeiten. Es geht um das gemeinsame Tun. Profis und Azubis können hier in einer offenen Atmosphäre ihre bisherigen Erlebnisse und Erfahrungen ihres beruflichen Lebens anderen Eltern und Jugendlichen mitteilen. Die Azubis und Profis kommen aus den verschiedensten Bereichen der Region Fürstenwalde. Sie werden durch die Akteure persönlich angesprochen, ob sie dazu bereit wären, diese Themenreihe zu unterstützen. Die Bereitschaft bei den Profis und Azubis ist sehr groß. Es macht ihnen sogar Spaß, in diesem Rahmen ihre beruflichen Erfahrungen zu vermitteln. Es geht auch nicht nur um das Mitteilen, sondern auch um das gemeinsame Erleben, um die Beschreibung, was diese Berufsfelder so ausmachen, eigene Berufswege zu schildern. Der methodische Ansatz besteht darin, sich gemeinsam auszuprobieren und Berührungsängste abzubauen. Gleichzeitig wird die Auseinandersetzung mit diesen Berufsbildern angeregt und in klarer und leicht verständlicher Form Wissen zu den Berufsfeldern und die jeweilige Tätigkeit vermittelt.

!
Für die Themenreihe wurde ein Grundkonzept zum Ablauf entwickelt:
- Begrüßung durch die Organisatoren
- Vorstellen der Profis und Azubis
- Profis und Azubis gehen individuell auf ihren beruflichen Lebensweg ein: wie sie zu diesem Beruf gekommen sind, was ihren Beruf so ausmacht, ob sie in diesem Beruf bleiben wollen und was sie noch den anwesenden Eltern und Jugendlichen ganz persönlich mit auf den Weg geben wollen.
- Im weiteren Teil werden bei jeder Veranstaltung praktische Dinge integriert, dass heißt , alle Anwesenden können sich selbst ausprobieren: zum Beispiel das Zubereiten eines Drei-Gänge-Menüs, Weihnachtsgestecke anfertigen, Einbeziehung beim

- Frisieren und bei der Kosmetik sowie beim praktischen Ausprobieren von selbst angefertigten Spielen und im Bereich der Holzbearbeitung.
- Am Ende jeder Veranstaltung gibt es ein gemeinsames Feedback, und gleichzeitig findet eine Ideensammlung für weitere Veranstaltungen statt.

Der Zeitrahmen beträgt zwei Stunden. Der erste Teil ist auf ca. 15 Minuten begrenzt, das Vorstellen der Profis und Azubis richtet sich nach der Anzahl der gewonnenen Mitstreiter und dauert ca. 20 bis 30 Minuten, wobei immer auf die Mischung männlich/weiblich geachtet wird, der praktische Teil nimmt das größte Zeitvolumen von ca. 45 bis 60 Minuten ein. Die Restzeit wird dann für das Feedback genutzt. Zum methodischen Ansatz gehört auch, dass alles gemeinsam gemacht wird, das Einräumen und die Gestaltung der Räumlichkeiten, die Durchführung und das Aufräumen. Die Eltern und Jugendlichen werden von Beginn an mit einbezogen, sodass sie das Gefühl haben, dass sie mittendrin sind und dazugehören. Wir befinden uns mit ihnen auf einer Ebene, dadurch gelingt uns der Transfer der Informationen, die wir für wichtig halten.

Zugang zur Elternschaft und Öffentlichkeitsarbeit

Der Zugang zur Elternschaft ist sehr sensibel zu gestalten. Regional muss man berücksichtigen, welche Partner und Partnerinnen in der Region geeignet wären, diesen Prozess mitzugestalten. Wir haben folgende Möglichkeiten realisiert: über unseren „Eltern-Jugendlichen-Ratschlag", über die Schulen, Schulleiter/innen, Klassenlehrer/innen, verantwortliche Lehrer/innen für Berufs- und Studienorientierung, Schüler- und Elternvertretungen und weitere vorhandene Netzwerke. Ein weiterer Zugang wird über die persönliche Ansprache durch den Eltern vertraute Personen erreicht, wie Nachbarn, Ehrenamtliche aus dem Mehrgenerationenhaus, Betreuende aus den Freizeiteinrichtungen. Unterstützend wirken auch die Hinweise auf den Internetseiten der Schulen.

> Die Informationen und Aktionen müssen so gestaltet sein, dass sich die Zielgruppe angesprochen fühlt – kurz und knapp, allgemein verständlich. Die Materialien zur Bewerbung müssen wohnort- und sozialraumnah verteilt werden, dass heißt Orte, an denen sich diese Zielgruppe aufhält (Sozialraum der Eltern, Schulen, Agentur für Arbeit, Amt für Grundsicherung und Beschäftigung, Ärztehäuser, Stadtbibliothek, Kulturfabrik, Beratungsstellen und so weiter). Alle Aktivitäten werden über die Tagespresse, die kostenlosen Informationsblätter der Region, vor allem die Stadtteilzeitungen und Zeitungen, die kostenlos am Samstag und Sonntag erscheinen und über das Internet beworben.

Netzwerkstrukturen und Kooperationspartner

Wir als Übergangsmanagement Schule – Beruf hatten das große Glück, auf gut funktionierende Netzwerke aufbauen zu können. So gab es in unserer Region: den Verein Kita – Schule – Wirtschaft, den Schulleiterstammtisch, das Lokale Bündnis für Familie und den Arbeitskreis Mädchen, die AG § 78 des KJHG SGB VIII, die Fachgruppen der Jugendarbeit/Jugendsozialarbeit, Freizeiteinrichtungen wie Jugendclubs, die Kompetenzagentur, die AG „Vorbereitung der Fürstenwalder Ausbildungsbörse", die „Initiative Fach- und Nachwuchskräftesicherung", um nur einige zu nennen. Die wichtigsten Kooperationspartner sind für uns die allgemeinbildenden Schulen in der Region, die Agentur für Arbeit, das Amt für Grundsicherung und Beschäftigung, die IHK, die Bildungsdienstleister, die HWK und die Unternehmen.

Erfahrungen

Zu Beginn war es notwendig, diese Themenreihe gut zu kommunizieren und Partner für diese Aktion zu gewinnen. Die Ausgangsbasis bildeten die langjährigen vorhandenen Netzwerkstrukturen in der Stadt Fürstenwalde/Spree.

> Es zeigte sich, dass die genannte Bewerbung neuer Aktionen nicht ausreichte. Die Form der persönlichen Ansprache dieser Zielgruppe durch vertraute Personen brachte den gewünschten Erfolg. Auch die telefonische Erinnerung am gleichen Tag war und ist notwendig. Es zeichnet sich ab, dass ca. 40% Eltern und 60% Jugendliche diese Veranstaltungen annehmen.

Der Rahmen ist bewusst klein und überschaubar gewählt. Von Oktober 2009 bis September 2010 haben wir sieben Veranstaltungen zu fünf Berufsfeldern durchgeführt. Es haben bisher ca. 165 Personen daran teilgenommen, einige mehrfach. Unser Ziel ist es, dass noch mehr Jugendliche und Eltern dieses Angebot nutzen.

Die Entwicklung zeigt, dass viele in der Region von dieser Themenreihe wissen, aber noch zu wenig bewusst darauf Einfluss nehmen. Daran wollen wir während der Projektlaufzeit noch arbeiten. Wünschenswert wäre, dass die Eltern- und Schülervertretungen sowie der Kreiselternrat dieses Angebot noch mehr unterstützen würden, dass heißt durch entsprechende Kommunikation oder die Elternzusammenkünfte terminlich so gelegt werden, dass sie sogar gemeinsam daran teilnehmen könnten.

Handlungsempfehlungen

- Alle Aktionen müssen transparent gestaltet und mit den Akteuren gemeinsam abgestimmt werden.
- Nutzung aller zur Verfügung stehenden Ressourcen
- Die Zielgruppe muss klar definiert sein.
- Die Zielgruppe muss sich angesprochen fühlen.
- Der Zielgruppe muss man achtungsvoll begegnen.
- Die Angebote wohnort- und sozialraumnah gestalten
- Die Angebote und Materialien müssen für die Zielgruppe sinnvoll sein.
- Das Veranstaltungsformat muss einen Wiedererkennungswert haben.
- Für jede Veranstaltung ein Plakat erstellen

Möglichkeiten der Nachnutzung durch Dritte

Die Nachnutzung durch Dritte ist in unserer Region durchaus gegeben. Das Mehrgenerationenhaus wäre durchaus in der Lage, unter Einbeziehung der anderen Akteure in der Region Fürstenwalde, diese Themenreihe dreimal im Jahr fortzuführen.

Das Mehrgenerationenhaus hat alle Veranstaltungen begleitet und unterstützt und ist in viele Netzwerke der Stadt involviert. Es gibt schon weitere Ideen zur Vorstellung weiterer Berufsfelder, wie zum Beispiel „Alles rund ums Holz". Auf einer Fachtagung „20 Monate Fürstenwalder Übergangsmanagement Schule – Beruf – eine Zwischenbilanz" wurde von Akteuren thematisiert, diese Themenreihe weiterzuführen und noch stadtteilorientierter zu gestalten.

Alle Informationen zu unseren Aktionen unter:

www.fuerstenwalde-spree.de/Suche nach Übergang Schule – Beruf

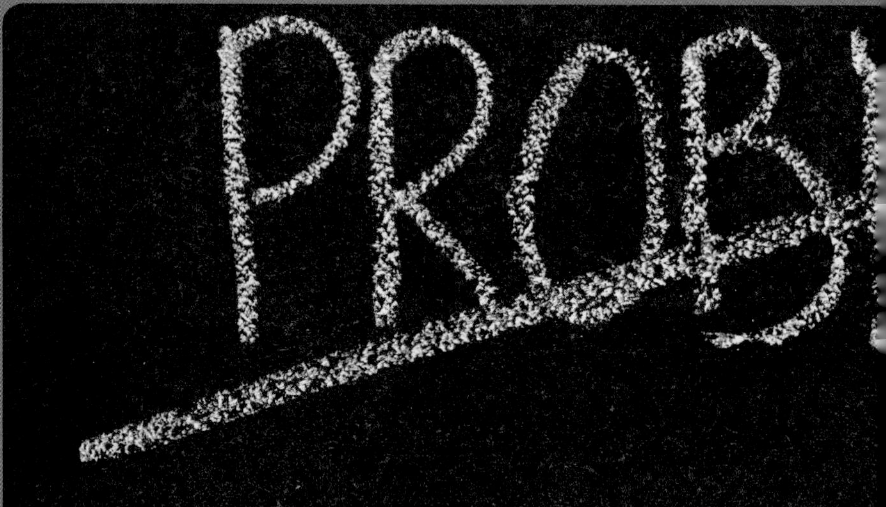

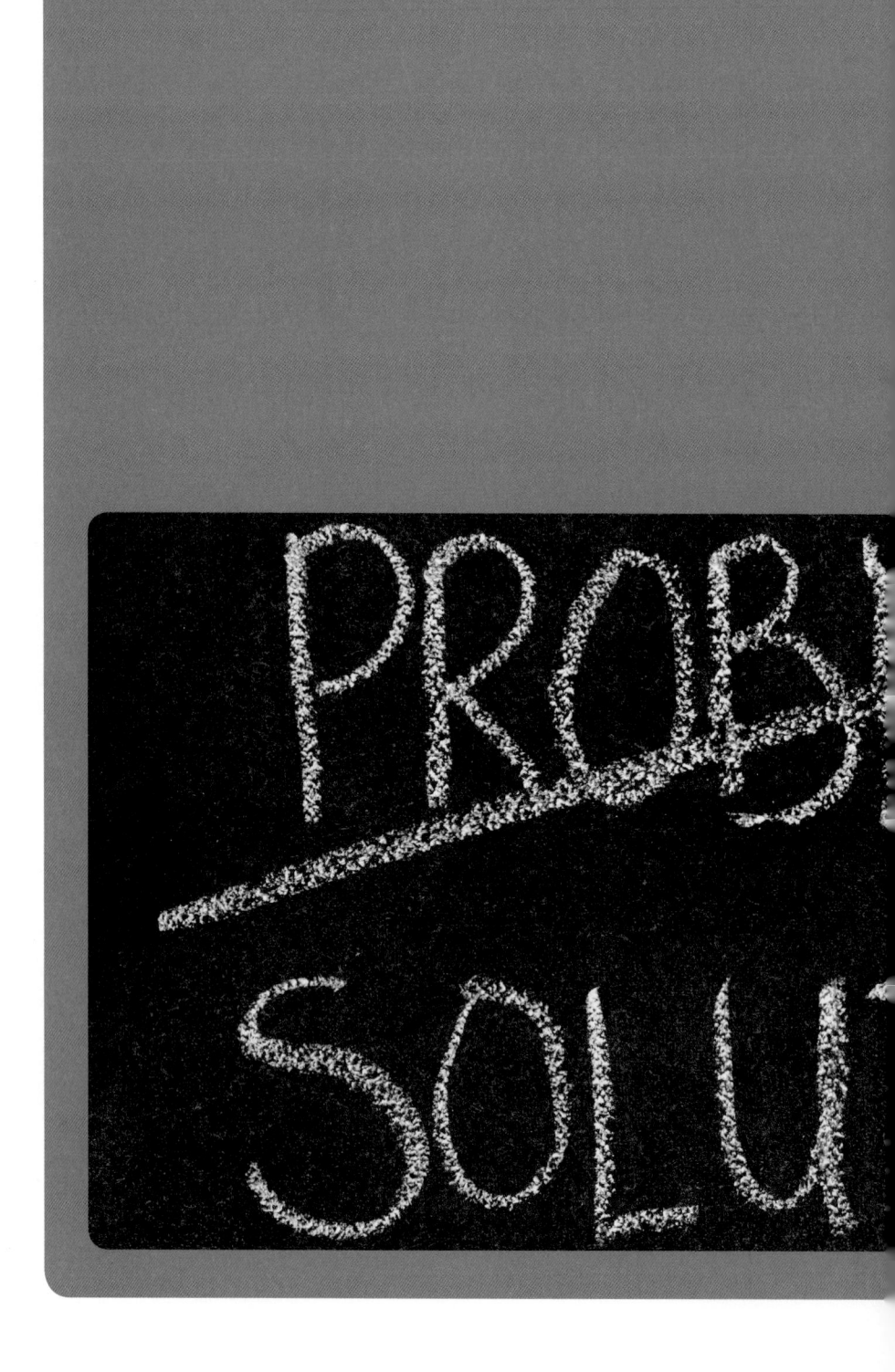

Kapitel 5

Elternprojekt „Gemeinsam in die Zukunft. Elternbeteiligung im Übergang zwischen Schule und Arbeitswelt"

5 Elternprojekt „Gemeinsam in die Zukunft. Elternbeteiligung im Übergang zwischen Schule und Arbeitswelt"

Simone Baum, Melanie Henschel, Jana Voigt

Regionaler Kontext

Wie die Leipziger Schulabsolventenstudien belegen, haben Mütter und Väter einen enormen Einfluss auf die Berufswahl ihrer Kinder. So gaben etwa 96% der innerhalb der Studie befragten Jugendlichen aus Mittelschulen an, dass ihre Familie im Berufsorientierungsprozess eine entscheidende Rolle spielte.[1] Bei den Mädchen und Jungen aus Förderschulen bewerteten 90% ihr näheres soziales Umfeld (Familie, Freunde, Bekannte, Verwandte) als wichtig für die berufliche Orientierung.[2] Die aktuelle Shell-Jugendstudie belegt, dass die Familie angesichts der vielfältigen gesellschaftlichen Herausforderungen an die Jugendlichen emotionalen Beistand, sozialen Rückhalt und Sicherheit bietet.[3] Mütter und Väter sind wichtige Rollenvorbilder und Ratgeber für die Lebensbewältigung. Ihre gewichtige Bedeutung wird durch eine lange Verweildauer von Jugendlichen in ihrer Familienstruktur verstärkt. 73% der jungen Frauen und Männer zwischen 18 und 21 Jahren leben noch bei ihren Eltern.[4]

Strukturierte Beziehungen von Eltern zu pädagogischen Institutionen im Sinne einer gleichberechtigten Erziehungs- und Bildungspartnerschaft, bei denen Eltern bei Entscheidungen oder der Weiterentwicklung von Bildungsprozessen mitwirken, sind bezogen auf den Übergang zwischen Schule und Arbeitswelt noch ausbaufähig. Gerade in Hinblick auf die Erreichbarkeit von Eltern ist mitunter eine von Enttäuschungen geprägte Haltung herauszulesen, die zur Folge hat, dass Versuche der Elternaktivierung eingestellt werden, weil Aufwand und Ertrag im Versuch, Eltern einzubinden, nicht ausgewogen sind.[5] Dies obwohl Eltern ein klares Interesse an der Berufsorientierung signalisieren. So zeigt eine Leipziger Befragung von Müttern und Vätern zur Nutzung und Einschätzung von Informations- und Beratungsangeboten:

Berufsorientierung ist für Eltern ein wichtiges Thema

Berufsorientierung und Berufswahl werden von 92% der Eltern als sehr wichtig eingeschätzt. Der hohe Stellenwert der Themen ist als Grundlage für die Zusammenarbeit mit Müttern und Vätern und als Ausgangspunkt für ein gemeinsames Agieren zu nutzen.

Eltern wissen um ihre Rolle im Berufsorientierungsprozess

Die Mehrheit der Mütter und Väter weiß um ihre Verantwortung im Berufsorientierungsprozess. 87% sehen sich selbst als zuständig an, den Übergang zwischen Schule und Beruf ihrer Kinder aktiv zu begleiten. Dieses Potenzial sollte mit entsprechenden Unterstützungsangeboten eine Stärkung erfahren.

Eltern fühlen sich abhängig vom Schultyp des Kindes mehr oder weniger gut informiert

> Jedes zweite Elternteil schätzt ein, „sehr gut" oder „gut" zur beruflichen Orientierung des Kindes informiert zu sein. Die Informationssituation wird umso besser bewertet, je niedriger der angestrebte Schulabschluss des Kindes ist. Erklärende Aspekte für diesen Sachverhalt sind in weiteren Untersuchungen zu ermitteln. Fest steht, dass ein subjektiv zufriedenstellend empfundenes Wissen über den Berufsorientierungsprozess der Jugendlichen nicht gleichzeitig zur Sicherheit, ein kompetenter Ratgeber zu sein, führt.

Eltern beziehen Informationen vorrangig über das Internet und die Schule

Je nach Schultyp des Kindes kennen und präferieren Mütter und Väter unterschiedliche Informations- und Beratungsmöglichkeiten, um ihr Wissen zur Berufsorientierung auszubauen. Am häufigsten wird auf das Internet und schulische Angebote zurückgegriffen. Gerade letztgenannte Option unterstreicht die Notwendigkeit der Kooperation zwischen Elternhaus und Schule. Eltern von Schülerinnen und Schülern in Hauptschulklassen suchen stärker als andere bei der Agentur für Arbeit/der Arbeitsgemeinschaft nach Unterstützung.

> **!** Für Mütter und Väter mit Kindern in Förderschulen spielt die „Berufseinstiegsbegleitung" eine herausragende Rolle. Unabhängig von diesen aktuell genutzten Optionen wünschen sich Eltern, neben der Schule und dem Internet Informationen auch auf postalischem Weg zu erhalten.

Eltern haben klare Vorstellungen, wann, wo, zu welchen Themen und wie sie zur Berufsorientierung ihrer Kinder informiert werden möchten

Zeitlich bevorzugen Mütter und Väter Angebote, die außerhalb der regulären Schul- und Arbeitszeiten liegen. Als besonders günstiger Zeitpunkt wurde der Samstag hervorgehoben. Als örtliche Bezugspunkte von Informationen werden der soziale Nahraum einschließlich des häuslichen Umfeldes sowie die Schule favorisiert. Aus methodischer Sicht haben vernetzte Veranstaltungen (z. B. mit Vertretern der Schule, von Unternehmen, der Agentur für Arbeit oder der ARGE), Einzel- oder Gruppengespräche und Beratungen Priorität. Thematisch werden Inhalte wie „Berufsbilder", „Bewerbungstraining", „finanzielle Unterstützung während der Bewerbung und Ausbildung", „Ausbildungsinhalte" und „Wege nach der Schule" für besonders relevant gehalten.

Die aus der Befragung gewonnenen Impulse für eine passgerechtere und adressatenorientiertere Ausgestaltung von Angeboten zur Sensibilisierung und Aktivierung von Eltern im Berufsorientierungs- und Berufswahlprozess ihrer Kinder wurden im Elternprojekt „Gemeinsam in die Zukunft. Elternbeteiligung im Übergang Schule – Beruf" erprobt. Das von der Koordinierungsstelle „Regionales Übergangsmanagement Leipzig" initiierte Projekt wurde von Dezember 2008 bis Dezember 2010 gemeinsam mit dem Internationalen Bund (IB) – Verbund Sachsen/Thüringen an einer Förderschule (Schule zur Lernförderung „J. H. Pestalozzi") und einer Mittelschule (35. Schule) in Leipzig umgesetzt.

Ziele und Zielgruppen

Das Projekt zielte auf Mütter und Väter ab, die ihre Kinder aktiv bei der Zukunftsplanung unterstützen wollten und dabei Hilfestellung benötigten.

> Besonderes Augenmerk lag dabei auf sozial benachteiligten Eltern, deren Kinder eine der kooperierenden Schulen besuchten und sich im Übergang Schule – Beruf befanden. Benachteiligung wird hier verstanden als eine eingeschränkte Teilhabe am gesellschaftlichen Leben, z. B. im Hinblick auf ökonomische, kulturelle und kommunale Aspekte, aber auch in belastenden Lebenssituationen kaum oder gar nicht über materielle bzw. soziale Hilfsquellen verfügen zu können.

Die Ursachen für Benachteiligung sind vielseitig und u. a. in einem fehlenden Schul- und Berufsabschluss, in Langzeitarbeitslosigkeit, in einem geringen sozialen oder beruflichen Status, in der ethnischen Zugehörigkeit oder auch der Ein-Elternschaft zu suchen. Sie kann für die gesamte Familie, vor allem aber für die Kinder, dramatische Konsequenzen haben. Bezogen auf den hier relevanten Übergang Jugendlicher zwischen Schule und Arbeitswelt steht nicht selten ein vermindertes Anregungs- und Unterstützungspotenzial durch die Eltern zur Verfügung. Mitunter wissen Mütter und Väter nicht um die beruflichen Möglichkeiten bzw. die Zukunftsgestaltung ihrer Kinder oder ziehen die eigene Bildungs- und Arbeitsbiografie als Maßstab für die Laufbahn ihrer Kinder heran. Pfahl (2004) und Fasching (2004) konstatieren in diesem Zusammenhang, dass sich sozial benachteiligte Eltern tendenziell „bildungsfeindlich" verhalten. Sie fördern weitere Bildungsgänge ihrer Kinder zum Teil nicht, da sie im Vergleich zu den verfügbaren Ressourcen ein Risiko darstellen (vgl. Pfahl 2004, S. 14; vgl. Fasching 2004, S. 3).[6]

Mit dem Projekt erreicht wurden in erster Linie Eltern von Schülerinnen und Schülern der 7. und 8. Klassenstufen der Förderschule sowie der 8. und 9. Klassenstufen der Mittelschule. Zum Teil wurden auch Eltern von jüngeren Schülerinnen und Schülern einbezogen.

> Für die im Projekt implementierten Unterstützungsoptionen standen die folgenden Zielstellungen im Vordergrund:
> - Eltern sind sich ihrer Erziehungsverantwortung bewusst.
> - Eltern erkennen und nutzen familiäre Ressourcen.
> - Eltern nutzen die Angebote der Elternarbeit.
> - Eltern entwickeln gemeinsam mit ihrem Kind eine realistische Berufs- und Lebensplanung.
> - Eltern reflektieren eigene Verhaltensweisen.

Die Ansprache der Eltern erfolgte über Kooperationspartnerinnen und -partner an den beiden Schulen, wie Klassenlehrerinnen und Schulsozialarbeiterinnen.

> Es sind Schulveranstaltungen (z. B. Tag der offenen Tür, Schulhoffest), organisierte Elterninformationsveranstaltungen sowie erarbeitete Infomaterialien und Projektflyer, die über die Schule (Aushänge, Schulwebseite, Elternbriefe) bzw. auf postalischem Weg an die Familien übermittelt wurden, zur Bekanntmachung des Projektes genutzt worden. Schulelternabende stellten eine zusätzliche Möglichkeit dar, um Mütter und Väter auf das Projekt, dessen Inhalte und Ziele aufmerksam zu machen.

Mit den Siebtklässlern der Mittelschule und ihren Eltern wurde darüber hinaus eine Auftaktveranstaltung zur schulischen Berufsorientierung durchgeführt und Informationen über Inhalte und den Ablauf unterrichtlicher und außerunterrichtlicher Aktivitäten zur Berufsorientierung gegeben. Des Weiteren fand über Gespräche, Erfahrungsaustausche und Rückmeldungen während der Sprechstunden an den Schulen eine Sensibilisierung für das Projekt statt.

Thematische Schwerpunkte und methodische Ansätze

Zur Erreichung der genannten Ziele wurden innerhalb des Projektes verschiedene methodische Ansätze gewählt und erprobt, die sich gegenseitig ergänzten und beeinflussten:

Auftaktveranstaltung zur Berufsorientierung

> Als symbolischen Akt zur Eröffnung der intensivsten Phase im Berufsorientierungsprozess wurde zum Schuljahresanfang, unterstützt durch die Schülerinnen und Schüler sowie ihre Eltern, an beiden Schulen eine Auftaktveranstaltung realisiert. Einen Höhepunkt markierte die feierliche Übergabe der Berufswahlpässe an die Jugendlichen. Den Veranstaltungen wohnten neben den Familien, der Schulleitung und den Lehrkräften auch Vertreterinnen und Vertreter der Berufsberatung der Agentur für Arbeit sowie der Schulsozialarbeit bei. Sie zeigten die Bedeutung der Berufsorientierung für die Schulen und zugleich für die Lebensplanung der Schülerinnen und Schüler auf.

Es wurde über die schulinterne Arbeit, wie Ziele und Aktivitäten zur Berufsorientierung, informiert, um so Transparenz über schulische Prozesse herzustellen. Des Weiteren erfolgte die Vorstellung von Beratungs- und Unterstützungsangeboten, die außerhalb der Schulen für Eltern zur Verfügung stehen. Der feierliche Auftakt schaffte einen positiven Anlass für einen Kontakt zwischen Eltern- und Lehrerschaft und stärkte darüber hinaus die Zusammenarbeit mit weiteren wichtigen Ansprechpartnerinnen und Ansprechpartnern auf dem Gebiet der beruflichen Orientierung an den beiden Schulen.

Organisatorischer Rahmen der Auftaktveranstaltungen zur Berufsorientierung:
- Veranstaltungsort: Aula der Schule, Klassenraumgestaltung durch Klassenlehrer, Informationsstände von Kooperationspartnern der Schule im Feld der Berufsorientierung
- Veranstaltungszeit: 18:00 – 20:00 Uhr
- Akteure: Schulleitung, Klassenlehrerinnen und -lehrer, Beratungslehrerinnen und -lehrer, Berufsorientierungslehrerinnen und -lehrer, Vertreterinnen und Vertreter der Schulsozialarbeit, der Berufsberatung, von Berufsschulen und Partnerunternehmen
- Musik für Feier: Schülerband, Schülerchor
- Bewirtung: gemeinsame Verantwortlichkeit für einzelne Komponenten (Getränke, Salatbuffet etc.) von Familien und Lehrkräften, Bewirtung durch ehemalige Schülerinnen und Schüler als Experten für den Übergang zwischen Schule und Arbeitswelt; ggf. Einbindung der Schülerfirma

Ablauf der Auftaktveranstaltungen zur Berufsorientierung:
- feierliche Eröffnung durch die Schulleitung mit kleinem Indoor-Feuerwerk,
- Vorstellung aller Akteure der Berufsorientierung an der Schule,
- Übergabe der Berufswahlpässe an die Schülerinnen und Schüler durch Berufsorientierungslehrerinnen und -lehrer sowie Einführung in die Handhabung des Passes,
- Besichtigung der Informationsstände durch die Eltern, Kennenlernen von Unterstützungs- und Beratungsangeboten zur Berufsorientierung an der Schule,
- Zusammenführung der Familien in der Aula und Abschlussrede der Schulleitung mit anschließendem festlichen Ausklang der Veranstaltung mit Musik und Buffet.

Niedrigschwellige Angebote zum Kontakt-/ Vertrauensaufbau

Besonders bei benachteiligten Eltern ist die Hemmschwelle groß, Hilfs- und Bildungsangebote zu nutzen. Aus diesem Grund wurden gezielt niedrigschwellige Aktivitäten angeboten, um so die Zugangsmöglichkeiten zur Zielgruppe zu erweitern, ein Vertrauensverhältnis aufzubauen, Interesse an den Elternbildungsangeboten und den Elterntrainingskursen zu wecken sowie Mütter und Väter für Teilnahme zu motivieren.

Solche niedrigschwelligen Varianten der Elternarbeit waren beispielsweise:
- Freizeitveranstaltungen, wie Eltern-Kind-Bowling, Kabarett,
- Feiern, wie Weihnachtscafe, Weihnachtsfrühstück, Ostercafe,
- erlebnispädagogische Angebote, wie Klettern in der Kletterhalle, Wildwasser-Rafting.

Elterntrainingskurse zur Unterstützung und Erlangung von Erziehungskompetenzen ab Klasse 5

Orientiert am „Rendsburger Elternmodell" erfolgte die Umsetzung von Trainingseinheiten für Eltern, die zur Auseinandersetzung mit Erziehungsfragen anregten und dem Ausbau von Kompetenzen für den Erziehungs- und Familienalltag dienten.

Aufgegriffen wurden Themen, wie
- Fähigkeiten und Stärken als Mutter oder Vater realistisch einschätzen,
- Konfliktbearbeitung,
- Einüben alternativer Verhaltensweisen.

Die in den Schulen realisierten zweistündigen Kurse integrierten Rollenspiele, Situationsübungen, Diskussionen und Erfahrungsberichte aus den beteiligten Elternhäusern.

Elternbildungsangebote zu berufsbezogenen Themen ab Klasse 7

Die strukturelle Planung der Elternbildungsangebote erfolgte am Konzept des Berufswahlfahrplans der Bundesagentur für Arbeit.

> Folgende inhaltliche Schwerpunkte wurden berücksichtigt:
> - Berufswegeplanung,
> - Rolle der Eltern,
> - Berufswahlreife,
> - Ermitteln von Stärken und Schwächen hinsichtlich einer beruflichen Perspektive,
> - Bewerbungsprozess,
> - Ausbildungsmarktsituation,
> - Berufsbilder und Zugangsvoraussetzungen,
> - finanzielle Unterstützung während der Ausbildung,
> - Alternativen zur beruflichen Ausbildung u. a.

Die Inhalte wurden in ihrem zeitlichen Umfang dem jeweiligen Schultyp bzw. den jeweiligen Klassenstufen angepasst. Im Durchschnitt umfasste eine Veranstaltung zwei Stunden und integrierte Einzel-, Partner- und Gruppenarbeit, Diskussionen, Erfahrungsaustausche sowie Rollenspiele. Die Elternbildungsangebote fanden in der Schule statt. Individuelle Beratungsgespräche und Sprechzeiten für Eltern ergänzten diese.

Elternstammtisch und Elterncafé

Auf Grundlage der Initiative einzelner Mütter und Väter etablierte sich an der Mittelschule ein „Elternstammtisch", der im Rahmen des Projektes moderiert wurde. Die Themen, die außerschulischen Veranstaltungsorte und die Termine der monatlichen Gesprächsrunden wurden maßgeblich von den Eltern bestimmt. Innerhalb kürzester Zeit bildete sich ein fester Stamm an Müttern und Vätern unterschiedlicher Klassenstufen. Lehrende hielten sich demgegenüber in der Teilnahme zurück.

> Im Rahmen des Elternstammtisches standen der Kontaktaufbau und der Erfahrungsaustausch zwischen den Familien sowie die gemeinsame Entwicklung von Ideen, wie generell Elternmitwirkung in der Schule gefördert und speziell die Berufsorientierung der eigenen Kinder unterstützt werden kann. Resultierend aus den Zusammenkünften organisierten die Beteiligten Veranstaltungen an der Schule, wie z. B. Themenelternabende, initiierten die Aufnahme von Informationen für Eltern auf der Schulhomepage und brachten sich in schulische Entscheidungsprozesse ein.

An der Förderschule bestand bereits vor Projektbeginn ein „Elterncafé". Diese vorhandenen Strukturen wurden genutzt und berufs- und arbeitsweltbezogene Themen bei den Zusammenkünften platziert. Die Teilnehmerinnen und Teilnehmer des einmal wöchentlich stattfindenden „Elterncafés" signalisierten zunehmend den Wunsch, sich auch mit weiteren Aspekten, wie z. B. der Pubertät oder der Gesundheit ihrer Kinder, zu beschäftigen. Um diesen Informationsbedarfen entgegenzukommen, wurden Elterngesprächskreise eingerichtet und eine Elternbibliothek aufgebaut.

> In Ergänzung der bisher aufgeführten methodischen Ansätze wurde den Müttern und Vätern, aber auch den Lehrkräften eine individuelle Beratung über feste Sprechzeiten an den Schulen sowie über E-Mail und Telefon offeriert.

Kooperationspartner und Netzwerkstrukturen

Parallel zu den erwähnten Kooperationsstrukturen zu Vertreterinnen und Vertretern der Schulsozialarbeit, der Berufsberatung der Agentur für Arbeit und der Wirtschaft wurde das Projekt maßgeblich durch eine Zusammenarbeit mit an den Schulen verankerten Projekten des Modellprogramms des Bundesministeriums für Familie, Senioren, Frauen und Jugend „Jugend stärken: Aktiv in der Region" („Kompetenzagenturen", „Schulverweigerung – Die 2. Chance") geprägt. An der Förderschule fanden intensive Abstimmungsprozesse mit der dort verorteten Berufseinstiegsbegleitung und dem Modellprojekt „Erziehungspartnerschaft" statt. Zum fachlichen Austausch konnte der durch das „Regionale Übergangsmanagement Leipzig" initiierte Arbeitskreis „Eltern und Berufsorientierung" genutzt werden. Im Gremium vertreten sind die Agentur für Arbeit Leipzig, der Allgemeine Soziale Dienst des Jugendamtes der Stadt Leipzig, die GaraGe – Technologiecentrum für Jugendliche gGmbH, der Internationale Bund (IB) – Verbund Sachsen/Thüringen, die Plan L gGmbH, das Regionalteam der Landesservicestelle Schule – Wirtschaft Sachsen (Beraterin Schule-Wirtschaft der Regionalstelle Leipzig der Sächsischen Bildungsagentur, Regionalinitiative B.O.S.S. Mitteldeutschland, Beraterin Berufswahlpass Westsachsen der LSJ Sachsen e.V.) und der Stadtelternrat Leipzig.

Erfahrungen und Handlungsempfehlungen

Das Projekt bestätigte, dass besonders benachteiligte Elternhäuser einen erhöhten Unterstützungsbedarf haben, ihre Kinder gezielt im Prozess der Berufsorientierung zu begleiten, dass sich der Zugang zu ihnen jedoch als schwierig erweist.

> In den Bemühungen, Mütter und Väter für die Teilnahme an den Bildungsveranstaltungen und Trainingskursen zu gewinnen, wurde deshalb der Weg über einen Vertrauensaufbau durch regelmäßige Präsenz an den Schulen und niedrigschwellige „anlockende" Angebote gewählt. Es wurden geregelte Sprechzeiten für Eltern und Lehrkräfte an den beiden Modellschulen eingeführt und die kontinuierliche Erreichbarkeit der Projektmitarbeiterinnen und -mitarbeiter über eine eigens eingerichtete E-Mail-Adresse und telefonische Kontaktmöglichkeit gewährleistet.

Da sich der schulisch genutzte Weg, Informationen an die Mütter und Väter über die Schülerschaft weiterzugeben, als unzuverlässig oder gar von den Jugendlichen als unerwünscht erwies, wurden die Einladungen auch auf postalischem Weg an die Familien übermittelt. Die Eltern zeigten sich im Verlauf des Projektes zunehmend offener, suchten den Kontakt zu den Projektmitarbeitern und nutzten verstärkt weitere Informations- und Beratungsangebote zur Berufsorientierung.

Die in das Projekt implementierten niedrigschwelligen Angebote hatten fast rituellen Charakter und dienten als Türöffner für weitere an die Eltern gerichtete Aktivitäten und inhaltliche Projekte. Als besonders gewinnbringend bewerteten die Eltern- und Lehrerschaft die Auftaktveranstaltungen zur Berufsorientierung. Sie wurde an beiden Modellschulen von einem Großteil der eingeladenen Eltern besucht und von allen Beteiligten positiv beurteilt. Generell fanden Veranstaltungen mit Eventcharakter und einer Mischung aus Wissensvermittlung und geselligem Beisammensein im Projektverlauf breiteren Anklang. Dahingegen erfuhren die regelmäßig angebotenen Elternbildungsangebote zunächst nur ein zögerliches Interesse, welches sich zwar nach und nach steigerte, aber dennoch als unbefriedigend eingestuft werden muss. Im Projektverlauf konnte keine kontinuierliche Nutzung des Angebotes durch die Elternschaft erreicht werden.

Bei der Umsetzung des Projektes wurde deutlich, dass die positive Einstellung der Schule zu den Eltern von größter Bedeutung und Basis für die Durchführung von Projekten ist. Die Begegnung auf Augenhöhe, Partnerschaftlichkeit, gegenseitiger Respekt sowie Wertschätzung spielen im Umgang mit den Eltern eine bedeutende Rolle.

> Fundamentale Grundhaltungen in der Arbeit mit Müttern und Vätern sind:
> - Geduld, um Zeit für Veränderungen zu lassen und kleine Schritte als Erfolg erleben zu können,
> - Toleranz, um Andersartigkeit anzuerkennen und das Gefühl von Anerkennung vermitteln zu können,
> - Vertrauen, damit Eltern spüren, dass sie sich öffnen können und Probleme und Sorgen angenommen werden,
> - Offenheit, damit neue Gedanken, Vorschläge und auch kritische Rückmeldungen angehört und reflektiert werden können,

- gegenseitige Kommunikationsbereitschaft, damit beide Seiten sich kennenlernen und ein Verständnis für den jeweils anderen entwickeln,
- Wille zum gemeinsamen Lernen, damit die Pädagogen die Eltern dazu ermuntern können, miteinander diesen Weg zu gehen und Bereitschaft zeigen, sich auf Neues einzulassen.

Eltern sollten als Experten für ihre Kinder ernst genommen werden. Denn niemand kennt ein Kind besser als die Eltern. In diesem Zusammenhang ist es wichtig, daran zu denken, dass es Mütter und Väter sind, mit denen die Partnerschaft gestaltet wird. Die Angebote sollten daher Mütter und Väter ansprechen.

Wie am Beispiel des „Elterncafés" verdeutlicht, ist es wichtig, vorhandene schulische Strukturen zu nutzen und alle in der Schule wirkenden Akteurinnen und Akteure, z. B. aus den Bereichen der Schulsozialarbeit und der Berufseinstiegsbegleitung, einzubinden. Vor dem Hintergrund begrenzter personeller, finanzieller und zeitlicher Ressourcen ist es ratsam, gezielt auch externe Expertinnen und Experten für eine Mitwirkung zu gewinnen. So ergeben sich Synergien zwischen schulischen Möglichkeiten der Kontaktherstellung und fachlich fundierter Wissensvermittlung.

Für Eltern, die Ideen einbringen und sich engagieren möchten, sollten im Schulalltag Möglichkeiten zur Mitbestimmung gefunden und eingeräumt werden. Im Gegenzug sind sie vermehrt bereit, die Umsetzung von Veranstaltungen und Projekten zu befördern und zu unterstützen. Es ist wichtig, ihnen einen festen Platz, z. B. als stetige Ansprechpartnerinnen und Ansprechpartner für Elternbeteiligung in der Schule, zu geben und ihnen Raum und Möglichkeiten (z. B. eine Infowand, Elternrubrik auf der Schulhomepage) für ihr Engagement zur Verfügung zu stellen. Elternarbeit sollte in der Konzeption der Schule verankert sein.

1 Vgl. Nowotnick, Anja; Voigt, Jana (2009): Leipziger Mittelschülerinnen und Mittelschüler auf dem Weg von der Schule in die Arbeitswelt. Kurzfassung des Leipziger Schulabsolventenlängsschnitts, erarbeitet im Rahmen der Förderinitiative 1 im Programm „Perspektive Berufsabschluss" des Bundesministeriums für Bildung und Forschung. Herausgegeben von Koordinierungsstelle „Regionales Übergangsmanagement Leipzig". Leipzig. S. 24.

2 Vgl. Hofsäss, Thomas; Drinck, Barbara (2010): Förderschülerinnen und Förderschüler am Übergang zwischen Schule und Arbeitswelt. Bericht zur Basiserhebung. Erarbeitet im Rahmen der Förderinitiative 1 im Programm „Perspektive Berufsabschluss" des Bundesministeriums für Bildung und Forschung. Unter Mitarbeit von Michael Brock. Herausgegeben von Koordinierungsstelle „Regionales Übergangsmanagement Leipzig". Leipzig. S. 35.

3 Vgl. Leven, Ingo; Quenzel, Gudrun; Hurrelmann, Klaus (2010): Familie, Schule, Freizeit: Kontinuitäten im Wandel. In: Shell Deutschland Holding (Hg.): Jugend 2010. Eine pragmatische Generation behauptet sich. Frankfurt am Main: Fischer, S. 46.

4 Vgl. Hurrelmann, Klaus (2005): Lebensphase Jugend. Eine Einführung in die sozialwissenschaftliche Jugendforschung. 8. Auflage. Weinheim, München: Juventa.

5 Vgl. Thimm, Karlheinz; Bothe, Marius (2009): Elternarbeit als notwendige Ressource zur Sicherung eines gelingenden Übergangs von der Schule in den Beruf. Durchgeführt durch das Institut für Innovation und Beratung an der Evangelischen Fachhochschule Berlin e.V. im Auftrag des Projektvorhabens RÜM Berlin der SPI Consult GmbH, gefördert durch das BMBF im Rahmen des Programms „Perspektive Berufsabschluss". Berlin. S. 29.

6 Jedoch tritt Erziehungsabstinenz oder -fehlverhalten auch in privilegierten Familien auf. Dabei handelt es sich häufig um „Wohlstandsverwahrlosung", d. h., die Kinder bekommen ihre materiellen Wünsche erfüllt, wobei Zeit, Zuwendung und Erziehung zumeist vernachlässigt werden (vgl. Korte, Jochen [2008]: Erziehungspartnerschaft Eltern – Schule. Von der Elternarbeit zur Elternpädagogik. Weinheim, Basel: Beltz. S. 11).

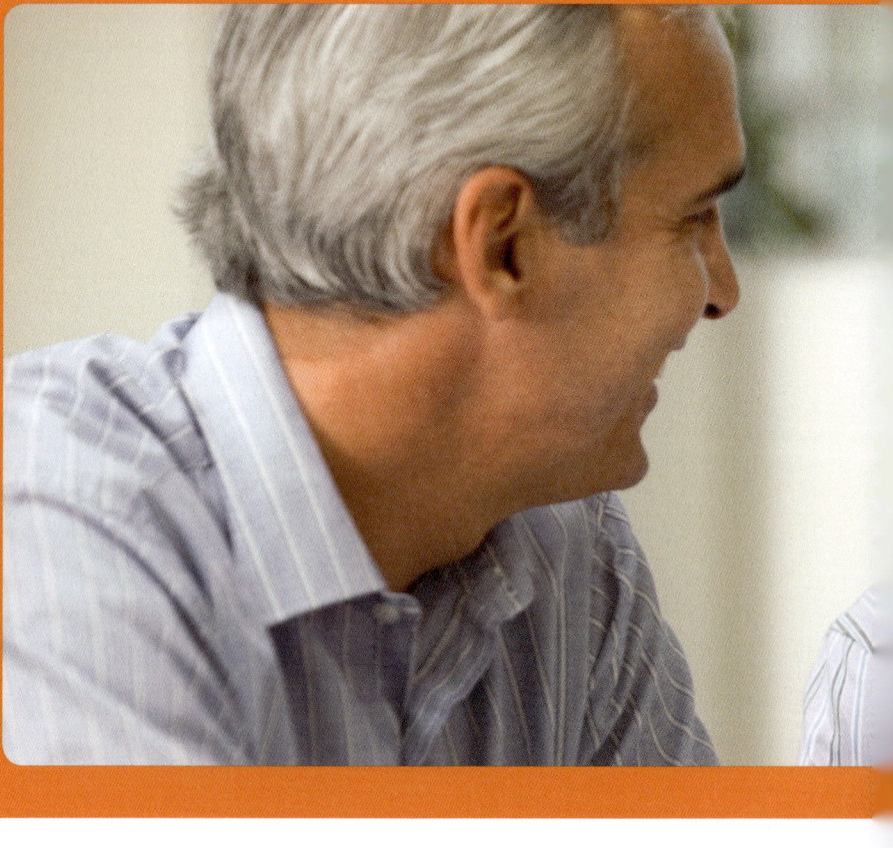

Kapitel 6

Eltern als Lern- und Übergangsbegleiter auf dem Weg zum Beruf: Handlungsansätze zur Elternbeteiligung in der lokalen Gesamtstrategie *Weinheimer Bildungskette*

6 Eltern als Lern- und Übergangsbegleiter auf dem Weg zum Beruf: Handlungsansätze zur Elternbeteiligung in der lokalen Gesamtstrategie *Weinheimer Bildungskette*

Ulrike Süss, Susanne Felger, Khadija Huber,
Halise Yüksel, Ceylan Firat

1. Elternbeteiligung in der *Weinheimer Bildungskette*

Elternbeteiligung als Schlüsselprozess der lokalen Gesamtstrategie

Die herausragende Bedeutung von Eltern und Familien für die Erziehung und Bildung der Heranwachsenden wurde vielfach begründet. Ganz besonders gilt dies für die Entwicklung grundlegender sozialer und personaler Kompetenzen, die für Ausbildung und Beruf vorausgesetzt werden. Ja es gilt – vielleicht etwas überraschend – sogar noch für die Berufsorientierung und Berufswegeplanung selbst, dies zeigen zahlreiche empirische Befunde. Auch für Jugendliche, oft noch in der Pubertät, zählen Eltern und Familienangehörige dabei zu den wichtigsten Ratgebern. Sie haben großen Einfluss; dabei wirken sie nicht nur unmittelbar auf ihre Kinder ein, sondern sie verstärken oder konterkarieren den Einfluss anderer Erziehungs- bzw. Bildungseinrichtungen, die ihre Kinder besuchen. Im besten Falle sind Eltern und Familien *Erziehungs- und BildungspartnerInnen* von Kita, Schule und dem Ausbildungsbetrieb.

> **!** Deshalb wurde „*Eltern und Familien aktiv beteiligen*" vor gut zwei Jahren als einer von sechs zentralen Schlüsselprozessen der lokalen Gesamtstrategie *Weinheimer Bildungskette* definiert (vgl. Süss/Huber 2010).

Leitziel dieser Strategie ist es, die Entwicklungs-, Bildungs- und Lernwege der Kinder/der Jugendlichen in *gemeinsamer Verantwortung* von Familie, Bildungsinstitutionen, kommunaler Kinder- und Jugendhilfe und Jugendarbeit sowie weiteren Akteuren, wie z. B. ehrenamtlichen Paten und Patinnen oder Gleichaltrigen, so zu gestalten, dass jedes Kind/jede und jeder Jugendliche, unabhängig vom familiären Hintergrund, seine bzw. ihre individuellen Potenziale ausschöpfen und seine bzw. ihre Kompetenzen entwickeln kann. Ziel ist die individuelle Gesamtförderung des einzelnen Kindes bzw. Jugendlichen. Es sollen fachliche wie organisatorische Bedingungen geschaffen werden, in denen eine *lokale Verantwortungsgemeinschaft* für die Erziehung, Bildung und Integration aller Kinder und Jugendlichen realisiert werden kann, und zwar bezogen auf alle *Bildungsorte und Lernwelten*, die für das Kind oder die Jugendliche bzw. den Jugendlichen relevant sind.

Die Kinder und Jugendlichen sollen dabei alle Kompetenzen erwerben, die sie für eine *autonome Lebensführung* brauchen. Grundlegende soziale und personale Kompetenzen sowie Berufsorientierung und eine Berufswegeplanung gehören hier notwendig dazu, sind aber nicht hinreichend. Auch in Lebensbereichen vor, nach oder jenseits von Erwerbsarbeit, Beruf und ökonomischer Verwertbarkeit soll das Leben gemeistert werden (können). Denn auch an der Ausgestaltung des Zusammenlebens im Sozialraum, an geglückten Beziehungen, an sozialer Teilhabe und politischer Beteiligung, an der Geltung demokratischer Werte sowie einer integrativen und solidarischen Kultur entscheidet sich der *soziale Zusammenhalt einer Stadtgesellschaft* sowie das Gelingen sozialer Integration von Kindern, Jugendlichen und Familien mit und ohne Migrationshintergrund.

Deshalb wird die Beteiligung von Eltern respektive der Familie an den Lernprozessen ihrer Kinder, ihrer Berufsorientierung und ihrem Übergang in Ausbildung sowie die *Erziehungs- und Bildungspartnerschaft* zwischen den Familien und Bildungsinstitutionen in Weinheim als einer der Schlüsselprozesse zur Umsetzung einer biografiebegleitenden Förderstrategie für *Kinder und Jugendliche mit riskanten*

Bildungsbiografien betrachtet. Im Zentrum des Handlungskonzepts stehen dabei die *Kompetenzen der Familien*, z. B. ihre Mehrsprachigkeit, ihre individuellen Interessen, Stärken und Lösungsansätze sowie die Wertschätzung ihrer Familienbiografie und gegebenenfalls ihrer Migrationserfahrungen. Diese bildungs- und berufspolitische Programmatik wird vom Weinheimer Oberbürgermeister als „Chefsache" offensiv vertreten.

In der Entstehungsgeschichte des Weinheimer Handlungskonzepts *Elternbeteiligung* standen vor allem Eltern und Familien im Fokus, die Migrationserfahrungen hatten und in denen Kinder mehrsprachig bzw. mit Deutsch als Zweitsprache aufwachsen. Diese Schwerpunktsetzung geht zurück auf die spezifischen lokalen Bedingungen: In Weinheim wurden in den 1970er-Jahren, vor allem durch das Unternehmen Freudenberg, eine für eine Stadt mit rund 43.000 Einwohnern vergleichsweise große Anzahl türkischer Gastarbeiter angeworben. Nach dem Zuzug ihrer Familien stellt die türkische Community heute in Weinheim den überwiegenden Anteil an der Bevölkerung mit Migrationshintergrund. In den beiden Werkrealschulen Weinheims (ehemals Hauptschulen) wird der offiziell ausgewiesene Anteil der Jugendlichen mit türkischem Migrationshintergrund seit Jahren mit knapp 40% beziffert. Bei einer genaueren Recherche betrug der Anteil 2009 an einer der beiden Werkrealschulen sogar 80%. Im Vergleich dazu haben in den beiden Weinheimer Gymnasien nur ca. 5 bzw. 7% der Schülerinnen und Schüler einen Migrationshintergrund.

> Wie also können Eltern, deren Kinder die Werkrealschule besuchen – viele davon mit Migrationshintergrund – zu Erziehungs- und Bildungspartnern der Schulen werden und ihre Kinder wirksam unterstützen? Welche Bedingungen müssen gestaltet werden, damit das gelingt? Handlungsansätze dazu finden sich heute in den Umsetzungskonzepten und der Praxis der lokalen Gesamtstrategie *Weinheimer Bildungskette*. Zentrale Aspekte sind dabei die Kultur einer lebendigen lokalen Verantwortungsgemeinschaft mit dem Stadtoberhaupt an der Spitze,

eine etablierte kommunale Koordinierung sowie eine Beteiligungs- und Kooperationskultur auf Basis von Stärkenorientierung, Wertschätzung und Aufgabenklarheit. Unter dem Motto „*Integration durch Bildung*" werden zudem zwei vielerorts scharf getrennte Arbeitsfelder eng verzahnt. Gleiches gilt für die sechs Schlüsselprozesse der Weinheimer Bildungskette, deren Entwicklung, wo immer sinnvoll möglich, *integriert* vorangetrieben wird – selbst dort, wo die Federführung für die Prozesse bei verschiedenen Einrichtungen liegt.

Die sechs *definierten Schlüsselprozesse der Bildungskette* nennen folgende Praxisfelder:
- Eltern und Familien aktiv beteiligen
- Sprachkompetenz in Deutsch (insbes. bei Deutsch als Zweitsprache) und Mehrsprachigkeit fördern
- Lernwege individuell gestalten, selbstgesteuertes Lernen fördern
- Lernwege individuell begleiten
- auf Ausbildung und Beruf vorbereiten
- Kinder/Jugendliche beteiligen sich und lernen voneinander

Hinzu kommen als *Querschnittsaufgaben*: Fachkräftefortbildung, die Kooperation von Fachkräften und aktiven Bürgern sowie Ehrenamtlichen sowie die Unterstützung von Dokumentation und Selbstevaluierung (vgl. Felger 2010a Süss/Felger 2010).

Das Übergangsmanagement Schule – Beruf als Teil der lokalen Gesamtstrategie

Die ersten Anstrengungen, um Kooperation und Koordinierung sowie die Qualität von Förderangeboten am Übergang Schule – Beruf zu verbessern, gehen in Weinheim auf die 1990er-Jahre zurück. Die Weinheimer Bildungskette 2011 ist das Ergebnis von mehr als 12 Jahren Entwicklungsarbeit, in der sich zahlreiche Akteure auf gemeinsame Leitziele, abgestimmte Handlungskonzepte, kooperative Arbeitsstrukturen und eine akzeptierte Steuerungspraxis verständigt haben. Die Beteiligung am Programm des Bundesministeriums für Bildung und

Forschung „Perspektive Berufsabschluss" in seiner Förderinitiative *„Regionales Übergangsmanagement (RÜM)"* seit Sommer 2008 hat in diesem Prozess einen Qualitätssprung gebracht und die Stadt Weinheim in die Lage versetzt, ihre Rolle als kommunale Koordinierung zu entwickeln und zu etablieren.

Meilensteine auf diesem Weg waren die Gründung der „Regionalen Jugendagentur Job Central" als Jugendberufshilfe-Einrichtung in Trägerschaft von Kommunen und Zivilgesellschaft (1999) und die Gründung des „Weinheimer Unterstützerkreises Berufsstart" als bürgerschaftliche Pateninitiative (2000). Trotz dieser Anstrengungen wurde in den Folgejahren aber immer deutlicher, dass der Aufbau einer präventiven, die Biografie begleitenden Förderkette notwendig ist. Als *Antwort auf die objektiven Grenzen* der erst im Jugendalter einsetzenden *Jugendberufshilfe* haben Stadt und Freudenberg Stiftung Anfang 2007 schließlich „Integration Central" als Koordinierungsstelle für Sprache, Bildung, interkulturelle Verständigung und Elternbeteiligung gegründet. Seither wird die operative Arbeit von Job Central im Handlungsfeld Berufsorientierung/Übergang Schule – Beruf durch Förderkonzepte in diesen Handlungsfeldern und durch Förderprojekte für die biografisch frühen Phasen flankiert und ergänzt. Die Koordinierungsstelle Integration Central wird seit 2011 mit ihren steuernden Funktionen und ihren operativen Projekten im Rahmen des Impulsprogramms *Bildungsregionen* des Kultusministeriums Baden-Württemberg als *Bildungsbüro Weinheim* weitergeführt. Das Bildungsbüro Weinheim ist, genauso wie das ÜbMa-Büro, direkt beim Stadtoberhaupt angesiedelt.

Ab 2008 gelang es dann durch Weinheims Beteiligung an großen Förderprogrammen, die lokal als Leitprojekte dienten, die zwar fachlich fundierten und zahlreichen, aber weitgehend unverbundenen Förderansätze schrittweise zur lokalen Gesamtstrategie *Weinheimer Bildungskette* zusammenzuführen. Ihr politischer Rückenwind, die fachlichen Impulse und finanziellen Ressourcen dieser Programme waren nötig, um die Einzelelemente konzeptionell zu einer *kommunal koordinierten Bildungs- und Berufsbildungsstrategie* zu verbinden und in der Praxis Kooperation und kommunale Koordinierung einzuüben. Ein Glücksfall war die fast zeitgleiche Beteiligung Weinheims am Programm „*Perspektive Berufsabschluss*" mit seiner Förderinitiative *„Regionales Übergangsmanagement (RÜM)"* am Übergang Schule – Berufsausbildung und die Beteiligung am Programm *„Lebenswelt Schule (LWS)"* der Deutschen Kinder- und Jugendstiftung und Jacobs Foundation zum Übergang Kita – Grundschule.

Der Grundstein für den Aufbau der *Weinheimer Bildungskette* wurde mit dem Auftrag des Oberbürgermeisters der Stadt Weinheim gelegt, eine Lenkungsgruppe und eine Geschäftsführung Weinheimer Bildungskette einzurichten, die 2004 gegründete Berufsintegrationskommission sowie eine ganzheitliche lokale Gesamtstrategie für Kinder und Jugendliche mit geringeren Bildungschancen zu entwickeln. Die Weinheimer Bildungskette präsentierte sich erstmals im Februar 2008 bei der „*Didacta – die Bildungsmesse"* in Stuttgart.

Ganz unverzichtbar hierfür war der ab Sommer 2008 betriebene Aufbau der *Kommunalen Koordinierungsstelle Übergangsmanagement Schule – Beruf* (ÜbMa-Büro) im Rahmen der Förderinitiative RÜM (vgl. Felger 2010a). Durch die enge Zusammenarbeit des ÜbMa-Büros mit seinem „operativen Arm" kommunaler Jugendberufshilfe, der Koordinierungsstelle Integration Central/Bildungsbüro Weinheim, dem städtischen Amt für Bildung und Sport und dem Oberbürgermeister konnte schließlich die Schubkraft für eine Gesamtstrategie entfaltet werden. Nicht zuletzt dank der Arbeit der Berufsintegrationskommission gelang es, die wichtigsten Kooperationspartner einzubinden, um „in geordneten Reihen zu marschieren".

> Durch verstärkte Angebote zur frühen Förderung von Kindern und Jugendlichen mit geringeren Bildungschancen, durch zunehmend gut vernetzte Förderkonzepte, durch erste gemeinsame Qualitätsstandards, ein gemeinsames pädagogisches Grundverständnis und durch die Arbeit der kommunalen Koordinierung entstehen in der Bildungskette

schrittweise Transparenz, Kohärenz und Kooperation bei den Zielen und Arbeitsweisen. Diese Fortschritte sollen bei den Kindern und Jugendlichen als gut abgestimmte *individuelle Förderung an den kritischen biografischen Übergängen* ankommen. Das gelingt zunehmend gut an den Übergängen Kita – Grundschule und Schule/Sek. I – Berufsausbildung. Für den Übergang Grundschule – Sek. I/Werkrealschule fehlen bisher Ressourcen und geeignete Projekte. Die aktive Beteiligung von Eltern und Familien nach den Maßgaben des Schlüsselprozesses Elternbeteiligung wird an den Übergängen als „roter Faden" eingewoben (vgl. Süss/Felger/Harmand 2010).

Die Grafik nach Kapitel 6 zeigt die zentralen Projekte der lokalen Gesamtstrategie *Weinheimer Bildungskette* im Schlüsselprozess „Lernwege individuell begleiten", entlang der biografischen Übergänge (siehe auch Kap. 2).

Beiträge des Übergangsmanagements zur Strategieentwicklung Elternbeteiligung

Federführend im Bereich Elternbeteiligung ist in Weinheim die Koordinierungsstelle Bildunsbüro/Integration Central unter der Leitung von Ulrike Süss; das legt der Aufgabenzuschnitt der Weinheimer Steuerungsstruktur fest. Deshalb arbeiten ÜbMa-Büro und Job Central (unter Leitung von Dr. Susanne Felger) bei der Elternbeteiligung mit dem Bildungsbüro „Hand in Hand", bis hin zur personellen Verzahnung. – Die Beiträge des Übergangsmanagements Schule – Beruf zur *Entwicklung und Steuerung* der Elternbeteiligung in der Bildungskette sind so vielfältig wie umfangreich. Wichtige *Aufgaben* waren bzw. sind:

- Definition und Kommunikation von Elternbeteiligung als Schlüsselprozess, u. a. an Schulen, in der Jugend(berufs)hilfe, in städtischen Kommissionen und Gremien
- Lernen aus Beispielen gelingender Elternbeteiligung in der Weinheimer Praxis und überregional; konzeptionelle Schlüsse für die Arbeit an Werkrealschulen

- Beauftragung und Auswertung eines Gutachtens der Universität Hamburg; Erschließen der Expertise der PH Heidelberg für die Weinheimer Bildungskette
- Moderation partizipativer Konzeptentwicklung und Erarbeiten von Qualitätsstandards; Impulsgeber und „Wächter" über die fachliche Qualität und die konzeptionelle Verknüpfung der Schlüsselprozesse; Moderation der „Entwicklungswerkstatt Eltern"
- Projektentwicklung und Fördermittelakquise für neue Praxisprojekte zur Elternbeteiligung; Etablierung der Arbeit von Elternbegleiterinnen und -begleitern an Schulen
- Entwickeln und Qualifizieren der Zusammenarbeit von Elternbegleiterinnen und -begleitern, Jugendberufshilfe, Lehrkräften und Berufsstartpaten und -patinnen in dezentralen „Kooperationsvierecken" an Schulen; Klären von Aufgaben und Zuständigkeiten
- Herstellen konzeptioneller Konsistenz zwischen den Programmen RÜM und Lebenswelt Schule in Weinheim, unter Wahrung von Eigenlogiken und Förderauflagen
- Entwickeln und Etablieren einer staatlich-kommunal-zivilgesellschaftlichen Koordinierung im Rahmen der *Bildungsregion Weinheim* (Impulsprogramm Bildungsregionen des Landes): kooperative Geschäftsführung für die Steuerungsgruppe aus Kommune, Regierungspräsidium, staatlichem Schulamt, Freudenberg Stiftung; die Projekte und Konzepte der Elternbeteiligung sind Bestandteil des Arbeitsplans
- Gemeinsame Geschäftsführung für die Weinheimer Bildungskette mit Integration Central/Bildungsbüro und Amt für Bildung und Sport; kontinuierliche Abstimmung mit dem Oberbürgermeister und Information des Jugendhilfeausschusses.

2. Elternbeteiligung am Übergang Schule – Beruf: Praxisprojekte als „Laboratorien" der lokalen Gesamtstrategie

Die unten skizzierten Projekte TEMA – ein Gemeinschaftsprojekt von Integration Central und ÜbMa-Büro – und das Mercator-Projekt sind erste praktische Schritte zur Umsetzung des Schlüsselprozesses *Eltern und Familien aktiv beteiligen* an zwei Weinheimer Werkrealschulen und einer Schule im benachbarten Hemsbach.

Beide Projekte schließen an die guten Erfahrungen in den „Rucksack-Projekten" an, die 2003 von der Freudenberg Stiftung nach Weinheim gebracht wurden. Diese Erfahrungen wurden unter anderem im Evaluationsbericht zur Rucksack-Elternbeteiligung in Weinheimer Kindergärten oder im Abschlussbericht an das Kultusministerium zum Projekt „Weinheimer Modell zur Sprachförderung und Elternbeteiligung – Rucksack Grundschule" (vgl. Grünenwald 2009) beschrieben.

Das Mercator-Projekt

Im Gemeinschaftsprojekt „Fit in Deutsch – Mercator-Projekt" der Pädagogischen Hochschule Heidelberg und des Bildungsbüros/Integration Central fördern angehende Lehrkräfte der Pädagogischen Hochschule Heidelberg (PH) Sprache und Bildung von Kindern und Jugendlichen an der Werkrealschule. Das Projekt wurde zunächst von 2006 bis 2009 von der Stiftung Mercator im Rahmen des Stiftungsprogramms *Förderunterricht* getragen.

Das Programm der Stiftung Mercator genießt auch bundesweit hohe Aufmerksamkeit. Lehrkräfte in Ausbildung können in diesem Projekt wertvolle Praxiserfahrungen in interkultureller Kompetenz und Deutsch als Zweitsprache, in Projektarbeitsformen und Methoden der Selbstevaluation schöpfen.

Das Interkulturelle Kompetenzzentrum der PH setzt hierfür unter anderem Portfolioinstrumente wie das *Lehrtagebuch* für die Personalentwicklung der zukünftigen Lehrkräfte ein. Die beteiligten Haupt- und Werkrealschüler und -schülerinnen können sich in sogenannten Miniprojekten sprachlich und in den anderen Schulfächern verbessern und Selbstbewusstsein aufbauen. Jedes Miniprojekt schließt mit einer Präsentation vor der Klasse ab und wird so weit wie möglich für die Lehrkräfte und Eltern in kleinen Filmen dokumentiert, die an Elternabenden die Grundlage für den Austausch über Lernfortschritte der Kinder und Jugendlichen bilden.

Die Kinder und Jugendlichen führen analog zum Lehrtagebuch ihrer Förderlehrer ein Lerntagebuch, in dem sie ihre Lernentwicklung eigenständig dokumentieren. Das Lerntagebuch hat als Instrument des verbindlichen Austauschs mit dem Förderlehrer und der gegenseitigen Rückmeldung in der Praxis der Weinheimer Bildungskette eine große Bedeutung erlangt.

Die Qualifizierung und Supervision der Studentinnen und Studenten für die Förderarbeit ist in den Lehrbetrieb der PH integriert und kann mit dem Zertifikat „Interkultureller Lernbegleiter" bzw. „Interkulturelle Lernbegleiterin" des Interkulturellen Bildungszentrums abgeschlossen werden.

Der Antrag der Stadt Weinheim und der Pädagogischen Hochschule Heidelberg auf eine Folgeförderung in 2010 und 2011 im Rahmen des Programms *Matching Funds der Stiftung Mercator* mit dem Titel *Zukunftskonzept Werkrealschule* wurde aufgrund dieser guten Erfahrungen erneut bewilligt. Im Zukunftskonzept Werkrealschule der Stadt Weinheim werden nun die Mercator-Projektelemente durch den Aufbau einer sogenannten *„Elternbeteiligung nach den Rucksack-Prinzipien"* in der Werkrealschule ergänzt (Siehe Kap. 5). Mit der projektförmigen Arbeitsweise des **Mercator-Projekts** wurden erstmals die Schlüsselprozesse „Sprachförderung/Deutsch als Zweitsprache" und „Lernwege individuell gestalten" mit Ansätzen der Elternbeteiligung und der Vorbereitung auf Ausbildung verbunden – Letzteres erfolgte durch die Inhalte zahlreicher „Miniprojekte" und ihre Präsentation vor den Eltern, durch das Fördern berufsbezogener Fachsprache sowie von selbstgesteuertem Lernen in der Projektarbeit.

Diese ersten Erfahrungen gingen dann ein in die Konzeption des **Projekts TEMA.** Es wird seit Anfang 2010 vom Ministerium für Finanzen und Wirtschaft des Landes im Zuge des ESF-Programms „Mehr Türkische Azubis" gefördert. Mit ihm gelang erstmals die systematische Verknüpfung der Schlüsselprozesse „Eltern und Familien aktiv beteiligen", „Lernwege individuell begleiten" und „Auf Ausbildung und Beruf vorbereiten". Weil es ihre Aufgabenfelder verbindet, wird das Projekt TEMA auch von den Koordinierungsstellen ÜbMa-Büro und Bildungsbüro/Integration Central *gemeinsam* gesteuert.

Das Projekt TEMA – Türkische Eltern als Motor für Ausbildung

„Ziel des Projekts ist (...), dass Elternbegleiterinnen oder -begleiter – im Programm des Wirtschaftsministeriums werden sie ‚Berufswerber' genannt – türkische Eltern über das baden-württembergische Bildungssystem, die Vorteile einer beruflichen Ausbildung und die Bandbreite der Berufe informieren sowie Eltern zur Unterstützung ihrer Kinder motivieren", erläutert Dr. Hans Freudenberg, Ministerialdirektor im Wirtschaftsministerium, in den Weinheimer Nachrichten vom 27.02.2010 die Intentionen des Programms.

In diesem Gemeinschaftsprojekt von ÜbMa-Büro und Bildungsbüro werden an drei Werkrealschulen in Weinheim und Hemsbach mehrsprachige Elternbegleiterinnen und -begleiter mit türkischen Wurzeln für einen gelingenden Übergang der Jugendlichen in die duale oder schulische Berufsausbildung oder in eine weiterführende Schule eingesetzt.

Sie kooperieren vor Ort an den Schulen eng mit den Lehrkräften, den Jugendberufshelferinnen und -helfern von Job Central, den ehrenamtlichen Berufsstartpaten und -patinnen, den studentischen Förderlehrkräften der PH Heidelberg aus dem Projekt Mercator und/oder den Partnerinnen und Partnern aus den Ausbildungsbetrieben der Region.

Die Elternbegleiterinnen und -begleiter sollen mit dafür sorgen, dass die Familien der Jugendlichen und die genannten Erziehungs- und

Bildungspartner und -partnerinnen an den Schulen ein bedarfsgerechtes Netz von individuellen Lern- und Berufsbegleiterinnen und -begleitern bilden für die Jugendlichen, die am Übergang Schule – Beruf verloren gehen könnten (Näheres in Kap. 3).

Geeignete Elternbegleiterinnen und -begleiter wurden von Integration Central mobilisiert und qualifiziert (siehe Kap. 5) und werden vom Ministerium für Finanzen und Wirtschaft des Landes und dem Europäischen Sozialfonds (ESF) im Zuge des Programms „Mehr türkische Azubis" finanziert. Unter dem Motto „Chancen fördern" unterstützt der ESF in Baden-Württemberg die Entwicklung von Menschen und Unternehmen, um diese in Zeiten sich wandelnder Anforderungen auf dem Arbeitsmarkt für die Zukunft fit zu machen. Die Förderperiode bis 2013 steht unter der Überschrift „Regionale Wettbewerbsfähigkeit und Beschäftigung". Investitionen in Bildung und Integration werden hier nicht vorrangig sozialpolitisch begründet; sie gelten als Standortfaktoren und sollen helfen, den künftigen Fachkräftebedarf zu decken.

Mit diesem Projekt werden gleichzeitig die gute Praxis, das Modellwissen und die wertvollen Erfahrungen aus den „Rucksack-Projekten" der Weinheimer Bildungskette auf den biografischen Übergang Schule – Beruf übertragen. Dieses Vorgehen ist eines der konstituierenden Merkmale der lokalen Gesamtstrategie *Weinheimer Bildungskette*, wie in Kap. 4 näher erläutert wird. Damit soll gleichzeitig auch die strategische Funktion der Schlüsselprozesse in der Bildungskette und ihrer systematischen Verknüpfung verdeutlicht werden.

Entwicklungswerkstatt Eltern

In den Projekten TEMA und Mercator wird gegenwärtig das notwendige Modellwissen für die Entwicklung von nachhaltigen Strukturen, Handlungsansätzen, Methoden und Werkzeugen zur Erziehungs- und Bildungspartnerschaft mit Eltern in der Sek. I und am Übergang in Ausbildung und Beruf generiert, reflektiert und in neue Praxisschritte übersetzt.

> Dazu wird die Steuerung des Schlüsselprozesses Elternbeteiligung und seiner Verknüpfung mit den weiteren Schlüsselprozessen in der *Entwicklungswerkstatt Eltern* bei Bildungsbüro/Integration Central unterstützt und *wissenschaftlich begleitet*. Die Erfahrungen und die Expertisen im Schlüsselprozess werden zusammengeführt, reflektiert und Schlussfolgerungen für die Weiterentwicklung gezogen.

Das Interkulturelle Kompetenzzentrum der PH Heidelberg, in Person von Frau Prof. Hava Engin und Sylvia Selke, hat, eingebettet in das Leitprojekt *Weinheimer Lebenswelt Schule,* die wissenschaftliche Begleitung der Entwicklungswerkstatt übernommen (zu den ersten Ergebnissen der Entwicklungswerkstatt siehe Kap. 5).

3. Elternbeteiligung konkret: die Arbeit der Elternbegleiterinnen und -begleiter im Projekt TEMA

„Gülsum (Name geändert) aus der 9. Klasse war eine der Jugendlichen, die ihre Mutter in die Elterngruppe begleitet hatten. Ein sehr ruhiges Mädchen, das in Mathematik viermal die Note eins erreicht hat. Sie gibt jüngeren Schülerinnen und Schülern, die sie kennt, auch kostenlose Nachhilfe in Mathematik. Ihre Mutter freut sich sehr darüber und unterstützt ihre Hilfsbereitschaft. Gülsum war lange im Sportverein aktiv, daher kennt sie viele Kinder und Jugendliche. Ihre Betriebspraktika hat sie im Kindergarten und in einer Arztpraxis gemacht. Keines davon hat ihr gefallen. ‚Aber jetzt, wo wir zusammen mit der Jugendberufshelferin und der Elternbegleiterin in der *TEMA-Elterngruppe* sind, ist der erste Schritt getan, damit wir für Gülsum das Richtige finden', meinte ihre Mutter in der Abschlussrunde der ersten Gruppensitzung. ‚Von nun an werden wir in die Schule kommen und uns zusammen beraten, zumal ich ja noch zwei weitere Kinder in der Werkrealschule habe. Die würde ich gerne frühzeitig in die Elterngruppe mitbringen, wenn das möglich ist'" (aus dem Protokoll der Elternbegleiterinnen Halise Yüksel und Ceylan Firat vom 08.12.2010 zum Auftakt der Elterngruppenarbeit an den Weinheimer Werkrealschulen).

Die Elterngruppenarbeit an den Weinheimer Werkrealschulen, von denen dieser Protokollauszug erzählt, ist Teil der lokalen Gesamtstrategie und damit Partnerin der *Weinheimer Bildungskette*.

> Im Mai 2010 stellte sich die *Elternbegleiterin* Halise Yüksel mit ihren *vorrangigen Aufgaben* an der Karrillonschule so vor: „Ich werde ...
> - ... bei Bedarf als Kommunikationsbrücke fungieren zwischen den Eltern/der Familie und der Schule und will mit dafür sorgen, dass immer wertschätzend beide Perspektiven berücksichtigt werden;
> - ... mich mit aller Kraft dafür einsetzen, die Eltern und weitere familiäre Bezugspersonen zu sensibilisieren, zu beraten und zu ermutigen, ihre Kinder mit ihren Möglichkeiten angemessen (die Jugendlichen sind in der Pubertät!) am Übergang in den Beruf zu unterstützen: im Betriebspraktikum, in der Kooperation mit den ‚Betriebsleuten', der Arbeitsagentur, bei Bewerbungen, beim Lernen, beim Lösen von Konflikten etc.;
> - ... mich ebenso dafür einsetzen, dass Lehrkräfte und Eltern die Heterogenität dieser Schule, ihre kulturelle Vielfalt und ihre Vielsprachigkeit als Chance wahrnehmen können!
>
> Dabei möchte ich Teil der Schule sein, eng mit den Lehrkräften, der Jugendberufshelferin und den Jugendhilfeprofis an der Schule, den ehrenamtlichen Berufsstartpaten und -patinnen des Weinheimer Unterstützerkreis Berufsstart und den Partnerbetrieben zusammenarbeiten, damit unsere Jugendlichen gut in *ihrem* Beruf oder in *ihrer* weiterführenden Schule landen. Ich will gemeinsam mit Ihnen dafür sorgen, dass kein Jugendlicher unsere Schule ohne Abschluss oder ohne Anschlussperspektive verlässt!"

4. Weinheimer Qualitätsstandards für die Elternbeteiligung

Elternbeteiligung „nach den Rucksack-Prinzipien"

Im Zuge des Abschlussberichts für das Projekt „Weinheimer Modell zur Sprachförderung und Elternbeteiligung – Rucksack Grundschule" an das

Kultusministerium Baden-Württemberg wurden u. a. Qualitätsvorgaben für den Schlüsselprozess *Eltern und Familien aktiv beteiligen* erarbeitet.

> Diese *Weinheimer Standards* werden seither als „Elternbeteiligung nach den Rucksack-Prinzipien" bezeichnet und lauten wie folgt:
> - *Aus der Perspektive des Kindes/des Jugendlichen* denken und handeln: Elternbeteiligung und familiäre Unterstützung unmittelbar an den Lernwegen der Kinder und Jugendlichen organisieren. Familien stärken, als bedeutende *Lernwelt* der Heranwachsenden und als Bildungs- und Erziehungspartnerin am *Bildungsort* Schule, z. B. zur Förderung von Deutsch als Zweitsprache und zur Förderung von Mehrsprachigkeit!
> - Willkommens- und Wertschätzungskultur für Eltern in den Schulen stärken!
> - Themen und Aufgaben generieren, die von Schule und Eltern *gemeinsam* verantwortet und umgesetzt werden! Siehe die gute Weinheimer Praxis bei der Verknüpfung von Elternbeteiligung und Sprachförderung/Förderung von Mehrsprachigkeit in den Rucksack-Projekten!
> - Eltern *und* Lehrkräfte für die Lernfortschritte – auch für die kleinen – und für die Unterstützungsbedarfe ihrer Kinder sensibilisieren!
> - Eltern dafür sensibilisieren und unterstützen, wie sie mit *ihren* Kompetenzen und familiären, biografischen und lebensweltlichen Möglichkeiten ihre Kinder fördern können. An den vorhandenen Stärken der Familien und der Lebenswelten der Kinder und Jugendlichen ansetzen! Zum Beispiel Mehrsprachigkeit als Chance und Ressource wahrnehmen.
> - Dafür sorgen, dass Eltern in der Schule auch *selbst* Prozesse gestalten können!
> - Achtsam berücksichtigen, dass Eltern mit Migrationserfahrungen meistens auch in ihren Communitys beheimatet sind. Die Ressourcen dieser Communitys wahrnehmen, partnerschaftlich und mit gegenseitiger Wertschätzung kooperieren!

Diese Standards sind nach den Erfahrungen in den Rucksack-Modellprojekten besonders bei der Beteiligung von Eltern zu beachten, die zunächst große Distanz zur Schule zeigen. Nachdem dieses Merkmal in den Weinheimer Haupt- und Werkrealschulen jedoch vorwiegend auf die Familien mit Migrationserfahrungen zutrifft, werden sie als sinnvolle und notwendige Handlungsorientierungen bei der Beteiligung von Migranteneltern als Lern- und Übergangsbegleiter und -begleiterinnen eingeschätzt.

Impulse aus einem Gutachten zur Elternbeteiligung

Mit Unterstützung der Förderinitiative *Regionales Übergangsmanagement* wurde dem Aufbau des Praxisfelds „Elternbeteiligung nach den Rucksack-Prinzipien an der Werkrealschule" in 2010 ein Gutachten vorangestellt, das die guten Weinheimer Erfahrungen und Erkenntnisse zur Elternbeteiligung in „Griffbereit", „Rucksack an der Kita" und „Rucksack an der Grundschule", zentrale überregionale und internationale Entwicklungen und Erfahrungen auswertete und daraus Handlungsempfehlungen für die Weiterentwicklung der Praxisfelder in der Weinheimer Bildungskette am Übergang Schule – Beruf gab. Marika Schwaiger und Prof. Dr. Ursula Neumann von der Universität Hamburg betrachten Programme wie „Rucksack" deshalb als so erfolgreich, weil sie direkt auf den Schulerfolg von Kindern gerichtet sind und gleichzeitig auf die Qualifikation der Erwachsenen, die Steigerung der Kontakte zwischen Eltern und Lehrkräften/Schulleitung und auf Netzwerkbeziehungen zwischen Eltern abzielen. „Durchgängigkeit als Prinzip der Elternbeteiligung" – wie in der Weinheimer Bildungskette angestrebt – scheint ihnen besonders erfolgversprechend. „Eine Ausrichtung der verschiedenen Module von partizipativer Zusammenarbeit zwischen vorschulischen und schulischen Einrichtungen und Eltern sollte entlang einer biografischen Linie (,vertikal') sowie an den Schnittstellen zu den weiteren Akteuren im Netzwerk der Schule (,horizontal') erfolgen" (Schwaiger/Neumann 2010, S. 232).

Unter den spezifischen Weinheimer Bedingungen ist eine horizontale Vernetzung der Elternbeteiligung an den Werkrealschulen vor allem mit den schulischen Erziehungs- und Bildungspartnern und -partnerinnen, also mit den Lehrkräften und der Schulleitung, mit Fachkräften der Jugendberufshilfe von Job Central und Stadtjugendring, den ehrenamtlich engagierten Berufsstartpatinnen und -paten sowie mit den Angeboten der Jugendarbeit des Stadtjugendrings sinnvoll und notwendig. An einer der beiden Werkrealschulen wird auch Schulsozialarbeit angeboten, mit der die Angebote zur Elternbeteiligung vernetzt werden sollen.

> Die Gutachterinnen finden im Schlüsselprozess *Elternbeteiligung* der Weinheimer Bildungskette – ausgehend von Projekten an Kitas und Grundschulen – u. a. folgende *sinnvollen Handlungsansätze* und empfehlen deren Übertragung auf die Praxis in der Sek. I und am Übergang Schule – Beruf; selbstverständlich immer unter Berücksichtigung der Altersspezifik und der spezifischen fachlichen Aspekte der Berufsorientierung (vgl. ebenda, S. 211):
> - *Elternbildung*: Stärkung der Erziehungskompetenzen sowie der Kompetenz, die Kinder in der Muttersprache und in der Zweitsprache Deutsch zu fördern – Stärkung der Familien als bedeutende Lernwelt des Kindes und des Jugendlichen
> - *Elternmitwirkung*: Teilhabe der Eltern an den Lern- und Entwicklungsprozessen ihrer Kinder, u. a. auch Generierung bezw. Bewusstmachung gemeinsamer Themen und Interessen, sowie Förderung der Kooperation von Elternhaus und Schule
> - *Elternqualifizierung*: Die anspruchsvolle Ausbildung einzelner Mütter zu Elternbegleiterinnen (Gruppenleiterinnen) und soziokulturellen Vermittlerinnen an den Schulen
> - *Qualifizierung der Lehrkräfte*: Förderung von (interkulturellen) Kompetenzen in der Zusammenarbeit mit Eltern
> - *Orientierung an den Bildungsplänen* Baden-Württembergs.

Diese Empfehlungen sowie die „Rucksack-Prinzipien" wurden beim Aufbau der Projekte in der Werkrealschule und am Übergang Schule – Beruf systematisch berücksichtigt.

Der Bildungsbegriff der Weinheimer Bildungskette

Parallel dazu wurde 2010, in Vorbereitung des 1. Fachtags Weinheimer Bildungskette, mit Fach- und Führungskräften der Bildungskette an der weiteren Profilierung der lokalen Gesamtstrategie auf der *Basis des 12. Kinder- und Jugendberichts* gearbeitet.

> Seither setzt die Weinheimer Bildungskette mit ihrem Selbstverständnis explizit am *erweiterten Bildungsbegriff* sowie an den Erkenntnissen, Leitlinien und Empfehlungen des 12. Kinder- und Jugendberichts an. Dieser begreift die lokalen Systeme und Institutionen der Bildung, Erziehung, Förderung und Betreuung *aus der Perspektive der Kinder und Jugendlichen* mit geringeren Bildungschancen *als Gesamtkontext*, in dem Lernen und Kompetenzentwicklung stattfindet. Die traditionelle Trennung, der zufolge die Familie für Erziehung, Schule für Bildung und Kita für Betreuung zuständig ist, wird den aktuellen Herausforderungen nicht mehr gerecht. Aus Sicht von Kindern und Jugendlichen sind demnach *alle* Lern- und Bildungsprozesse ins Blickfeld zu rücken, ungeachtet dessen, ob sie als Ergebnis einschlägiger Bildungsinstanzen zustande kommen oder als Elemente offizieller Lehrpläne des Bildungssystems vorgesehen waren. Bildung, Lernen und Vorbereitung auf Ausbildung und Beruf finden diesseits und jenseits von Schule und Unterricht an vielen Orten statt und sind nicht an die Grenzen institutioneller Zuständigkeit gebunden. Sie erfolgen in der Schule, der Familie, in Einrichtungen und Angeboten der Kinder- und Jugendhilfe, in der Gruppe Gleichaltriger, im Gebrauch von Medien etc. Von *Bildungsorten* im engeren Sinne wäre dann zu sprechen, wenn es sich um lokalisierbare, abgrenzbare und einigermaßen stabile Angebotsstrukturen mit einem expliziten und impliziten Bildungsauftrag handelt, bei denen der Angebotscharakter überwiegt. *Lernwelten* sind demgegenüber weitaus fragiler, nicht an einen geografischen Ort gebunden, zeiträumlich weniger eingrenzbar und ohne einen expliziten Bildungsauftrag (vgl. BMFSFJ 2005, S. 26 u. 29; Rauschenbach 2005).

5. Strategieelemente und „Werkzeuge" zur Weiterentwicklung der Elternbeteiligung

In der *Entwicklungswerkstatt Eltern* wurden mithilfe der Rucksack-Prinzipien, des Gutachtens von Schwaiger/Neumann und durch Reflexion und Auswertung der Praxiserfahrungen in der Weinheimer Bildungskette die folgenden strategischen Elemente zur Weiterentwicklung des Schlüsselprozesses *Elternbeteiligung* herauskristallisiert:

- Schrittweise Entwicklung und *Profilierung der Ziele, Rollen und der zentralen Aufgaben einer Elternbegleiterin oder eines Elternbegleiters*: Die Grundgedanken eines systemischen Netzwerkmanagements, die im Leitprojekt Weinheimer Lebenswelt Schule die paradigmatische Grundlage darstellen, sollen auch bei der Klärung der Rollen und Aufgaben von Elternbegleiterinnen und -begleitern als „Wegweiser" genutzt werden. In der *Entwicklungswerkstatt Eltern* ist nach den guten Erfahrungen in diesem Leitprojekt vor allem der entsprechende Handlungsansatz des Instituts *srm – Forschungsschwerpunkt Sozial Raum Management* – der Fachhochschule Köln, Prof. Herbert Schubert, von Bedeutung. Die Wissenschaftler und Wissenschaftlerinnen vom *srm* sind darüber hinaus für die externe Evaluation des Programms *Lebenswelt Schule* zuständig
- Schrittweise Entwicklung eines entsprechenden *Kompetenzprofils von Elternbegleiterinnen und -begleitern* an den Weinheimer Grund- und Werkrealschulen und für den Übergang Schule – Beruf. Dies soll auf der Basis des sog. *Kompetenzdreiecks* aus dem Bereich Personalentwicklung beim Bildungsbüro erarbeitet werden. Das „Kompetenzdreieck" soll das Anforderungsprofil an Elternbegleiterinnen und -begleiter verdeutlichen, das zur Zielerreichung, zur Erfüllung der Rollen, zentralen Aufgaben und Schulentwicklungsprozesse sinnvoll und notwendig, aber auch realistisch zu erreichen ist
- Klärung der Fragen zur organisatorischen Einbindung der Elternbegleiterinnen und -begleiter in die schulischen Ablaufprozesse, Konkretisierung der entsprechenden Schulentwicklungsprozesse und der *Zusammenarbeit von Elternbegleitung und Lehrkräften „im Tandem"*. Die spezifischen lokalen Entwicklungen in der Weinhei-

mer Bildungskette können im Weiteren durch das entsprechende Pilotprojekt des Kultusministeriums Baden-Württemberg wesentlich unterstützt werden (vgl. Kultusministerium 2010).
- Entwicklung einer realistischen *Qualifizierungsstrategie* sowie eines *Curriculums*, das sich am Anforderungsprofil für Elternbegleiterinnen und -begleiter sowie gleichermaßen am Anforderungsprofil für Lehrkräfte und Schule orientiert (siehe hierzu das Pilotprojekt des Kultusministeriums Baden-Württemberg – vgl. Kultusministerium 2010).
- Entwicklung selbstreflexiver *Verfahren und Werkzeuge zur kontinuierlichen Dokumentation und Selbstevaluation* dieser Entwicklungsprozesse, der Strukturen und Ergebnisse/„Erfolge" der Arbeit der Elternbegleiterinnen und -begleiter.

Aktuelle Entwicklungen im lokalen Praxisfeld Elternbeteiligung der Förderinitiative *Regionales Übergangsmanagement* und im Programm *Lebenswelt Schule* werden im Folgenden entlang dieser fünf strategischen Bausteine zur Weiterentwicklung des Schlüsselprozesses *Elternbeteiligung* dargestellt. Dieser „Bericht aus der Werkstatt" beschreibt einen ergebnisoffenen Entwicklungsprozess, den die Beteiligten kontinuierlich im Sinne eines lernenden lokalen Systems zur Weiterentwicklung der *Weinheimer Bildungskette* vorantreiben.

5.1 Ziele, Rollen und Aufgaben einer Elternbegleiterin bzw. eines Elternbegleiters und Zusammenarbeit dieser mit Lehrkräften „im Tandem"

Für das Bildungsbüro/Integration Central arbeiten derzeit in Kindergärten und Grundschulen neun Elternbegleiterinnen mit vorwiegend türkischem Migrationshintergrund. Sie werden für ihre Funktion als „Kommunikationsbrücken", „Katalysatoren" und „Multiplikatoren im Schnittfeld zwischen Kindern, Familien, Bildungseinrichtungen und Berufsbildungsmarkt" qualifiziert und gecoacht. Diese Mütter verfügen ihrerseits über vielfältige Kontakte zur türkischen Community und zu einschlägigen Institutionen wie beispielsweise zum Konsulat, und sie haben selbst oder über ihr familiäres Netzwerk gute Zugänge zum Berufsbildungssystem und zum Arbeitsmarkt.

Die Rollen und Aufgaben wurden überwiegend in den Rucksack-Projekten entwickelt. Sie wurden aus den übergreifenden Zielen hergeleitet, die in den *Standards zur Elternbeteiligung nach den Rucksack-Prinzipien* enthalten sind. Damit sollte auch das Potenzial dieser Elternpersönlichkeiten für die Weiterentwicklung der Erziehungs- und Bildungspartnerschaft zwischen Elternhäusern und Schule und einer aktiven Lern- und Berufswegbegleitung durch Eltern in der Werkrealschule und am Übergang Schule – Beruf zum Ausdruck gebracht werden.

In der Initiative des Kultusministeriums Baden-Württemberg und der türkischen Generalkonsulate unter dem Arbeitstitel „Gemeinsam für unsere Kinder – Eltern als Partner von Kindergarten und Schule" soll dieses Potenzial wahrgenommen und gemeinsam mit den schulischen Partnerinnen und Partnern zur Entfaltung gebracht werden. Elternpersönlichkeiten wie die Weinheimer Elternbegleiterinnen sollen gemeinsam „im Tandem" mit Lehrkräften als „soziokulturelle Mittler" zwischen Schule und Elternhäusern – vor allem für diejenigen, die zunächst noch große Distanz zur Schule haben – fungieren und damit die Erziehungs- und Bildungspartnerschaft stärken. Die Tandems, bestehend aus Eltern und Lehrkräften in der Funktion von soziokulturellen Mittlern, werden durch die Elternstiftung Baden-Württemberg qualifiziert.

Damit setzt die Initiative des Kultusministeriums genau am Entwicklungsstand und dem Entwicklungsbedarf der Weinheimer Bildungskette 2011 an, kommt sozusagen wie gerufen und genau zum richtigen Zeitpunkt, um die lokalen Prozesse in der Bildungskette wirksam zu unterstützen. Durch die langjährige fruchtbare Kooperationsbeziehung zwischen Integration Central, Job Central und der Elternstiftung Baden-Württemberg war Weinheim schon in 2010 – vertreten durch Khadija Huber von Integration Central und Isolde Aumüller von der Elternstiftung Ba-Wü – an den vorbereitenden Entwicklungsarbeiten der Elternstiftung beteiligt. In 2011 startete das Kultusministerium in acht Pilotregionen (zwei Schulamtsbezirke pro Regierungsbezirk).

Weinheim nimmt als eines der Pilotprojekte am Programm teil und will dadurch die Ziele, Rollen und Aufgaben einer Elternbegleiterin bzw. eines Elternbegleiters und ihrer schulischen Partner in diesem Rahmen weiter profilieren. In diesem Kontext hat die Profilierung ihrer Aufgaben an der Schnittstelle zur Jugendberufshilfe, zu ehrenamtlichen Patinnen und Paten – auch sie sind Lernbegleiterinnen und Lernbegleiter – oder zur Jugend(sozial)arbeit einen besonderen Stellenwert. Zur Rolle und Funktion der Jugendberufshilfe sowie zu deren produktiven Schnittstellen zum Ehrenamt gibt es in Weinheim eine langjährige erfolgreiche Praxis, vielfältige Erfahrungen und Expertise, die auch überregional hohe Aufmerksamkeit erfährt (vgl. Felger 2010b).

5.2 Das Kompetenzprofil der Elternbegleiterinnen bzw. -begleiter an Grund- und Werkrealschulen

Um die Kompetenzanforderungen an Elternbegleiterinnen und -begleiter, welche die skizzierten Rollen und Aufgaben erfüllen sollen, zu spezifizieren, hat Ulrike Süss im Aufbau der Koordinierungsstelle Integration Central das folgende Personalentwicklungsmodell entworfen (vgl. Süss 2008 und Schwaiger/Neumann 2010). Hierzu vergegenwärtigten sich die „Aufbauhelferinnen" im Integration-Central-Team ganz bewusst die hohe Komplexität, Vielzahl von Schnittstellen und Beteiligten bzw. Stakeholdern und ihre jeweiligen Bedürfnis- und Interessenlagen. Die Elternbegleiterinnen und -begleiter sind vor allem dadurch gefordert, diese Interessen- und Bedürfnislagen mit Blick auf gelingende Bildungs- und Berufswege der Kinder und Jugendlichen zum Ausgleich zu bringen.

Bei der Auswahl geeigneter Elternbegleiterinnen und -begleiter aus den Communitys und bei der Konzipierung der Personalentwicklungsmaßnahmen für diese sollten deshalb vor allem solche individuellen

> Schlüsselkompetenzen und biografischen Wissens- und Erfahrungshintergründe in den Blick genommen werden, die diesen Anforderungen potenziell entsprechen und im Bereich Personalentwicklung des Bildungsbüros/Integration Central entfaltet und weiterentwickelt werden können.

Das im Folgenden skizzierte „Kompetenzdreieck" und seine Kompetenzpole folgen einem Modell aus der systemischen Beratung. Es wurde zunächst allgemein für die Weiterbildung von Fach- und Führungskräften im Bereich Bildung und Erziehung als Referenzmodell herangezogen und danach entsprechend angepasst, um die Aufgaben einer kommunalen Koordinierungsstelle in der Personalentwicklung und im Coaching von Elternbegleiterinnen und Elternbegleitern sichtbar zu machen.

Das Modell zeigt, dass es bei der Personalentwicklung von Elternbegleitern und -begleiterinnen vorrangig darum geht, wertschätzend an den Kompetenzen, der Biografie sowie der Lebenspraxis und -erfahrung der zu Qualifizierenden anzusetzen und diese in einem gemeinsamen, wechselwirkenden Lernprozess auf gleicher Augenhöhe zu erweitern. Diese Personalentwicklungsstrategie soll im Weiteren mit Blick auf die spezifischen Erfordernisse in der Werkrealschule und am Übergang Schule – Beruf entwickelt werden.

Das Modell fungiert beim Bildungsbüro als Rahmenvorgabe für die konkrete Ausgestaltung der Fortbildungen und des Coachings von Elternbegleiterinnen und -begleitern. Diese sollen selbstbewusst an ihre individuellen Entwicklungs- und Lernstände, an ihr Wissen und ihre Erfahrungen andocken und sie in Seminaren, Workshops und durch die fachliche Begleitung und das Coaching reflektieren und weiterentwickeln können.

Die Aufgabe der *Entwicklungswerkstatt Eltern*, dazu in 2011 ein entsprechendes Curriculum zu entwickeln und in den Qualifizierungsmaßnahmen im Rahmen des Pilotprojekts des Kultusministeriums umzusetzen, haben Khadija Huber (Bildungsbüro) und Isolde Aumüller (Elternstiftung Baden-Württemberg) übernommen. Sie setzen damit an die Weinheimer *Elternmentorentrainings* der Elternstiftung Baden-Württemberg an, die in 2006 bei Job Central durchgeführt wurden, und beziehen sich auf den Handlungsansatz des sog. *Laufbahnselbstmanagements* (vgl. Süss 2006).

Wissen und Methoden

Meine Muttersprache,
meine Mehrsprachigkeit,
mein Wissen als Mütterbegleiterin zur Sprachentwicklung, zur Lernförderung und Didaktik, zur Bedeutung von Sprache/Mehrsprachigkeit, zu Erziehungsfragen.
Meine Methodenvielfalt und meine Werkzeuge, insbesondere aus dem Rucksack-Programm.

Lebenspraxis

(in der Arbeits- und Lebenswelt, in der Familie, als Partnerin der Schule ...)
Meine guten Erfahrungen mit meiner sozialkommunikativen, interkulturellen und emotionalen Kompetenz, meine Rollen- und Aufgabenklarheit und „professionelle" Distanz, meine guten Teamerfahrungen, meine guten Erfahrungen mit zielorientiertem Handeln, meine guten Erfahrungen mit demokratischer Aushandlung von konfligierenden Interessen.

Biografie und innere Haltungen

Meine *innere* ressourcenorientierte Haltung, meine eigene interkulturelle Lebenserfahrung, meine Wertschätzung von Verschiedenheit und individuellen Lernwegen, meine Fähigkeit und Bereitschaft, unterschiedliche Wahrnehmungsstandorte einnehmen zu können, meine Reflexionskompetenz, meine Konfliktfähigkeit und -bereitschaft.

5.3 Curriculum zur Qualifizierung von Elternbegleiter/innen und Lehrkräften „im Tandem"

Bei der Ausarbeitung eines Qualifizierungskonzeptes für die Zusammenarbeit von *Elternbegleitung und Lehrkräften* wurden die bisherigen positiven Erfahrungen aus den Rucksack-Projekten und aus den Elternmentorentrainings zusammengefasst und diese mit den Handlungsinstrumenten des Laufbahnselbstmanagements zusammengebracht.

Basierend auf dem Ressourcendreieck haben Huber und Aumüller für das Curriculum zur *Qualifizierung „im Tandem"* fünf wesentliche Qualifizierungsmodule herausgearbeitet, die substanziell für eine verantwortliche und zielgerichtete Zusammenarbeit zwischen Elternbegleiterinnen und -begleitern sowie Lehrkräften auf gleicher Augenhöhe sind.

Daraus lässt sich erkennen, dass der Schwerpunkt der Qualifizierung in der Netzwerkarbeit und im Projektmanagement liegt. Das erfordert von den Elternbegleiterinnen und -begleitern ein hohes Maß an Einfühlungsvermögen, Kommunikationsfähigkeit und Konfliktmanagement. Einen weiteren Schwerpunkt bildet das gemeinsame Mit- und Voneinanderlernen des zukünftigen Tandems und der Aufbau geeigneter Kooperationsstrukturen vor Ort.

5.4 Verfahren und Werkzeuge zur Dokumentation und Selbstevaluation der Entwicklungsprozesse und Ergebnisse

Mit dieser Aufgabe steht die *Entwicklungswerkstatt Eltern* noch ganz am Anfang. Unter dem Arbeitstitel „Elternbegleiterinnen- und -begleiter-Portfolio" wird derzeit im Zuge der wissenschaftlichen Begleitung durch Sylvia Selke vom Interkulturellen Kompetenzzentrum der PH Heidelberg ein „Werkzeug" für die Elternbegleiterinnen und -begleiter an den Grund- und Werkrealschulen entwickelt. Damit sollen sie ihre Arbeitspraxis an den Schulen kontinuierlich und sinnvoll strukturiert dokumentieren und reflektieren sowie ihre individuellen Personalentwicklungsprozesse und Kompetenzentwicklungen als Elternbegleiterinnen und -begleiter eigenständig steuern lernen.

So soll eine individualisierte, an den Ausgangskompetenzen, Lebenserfahrungen, Interessen, Lernbiografien und Lebenszielen der einzelnen Elternbegleiterin bzw. des Elterbegleiters orientierte Lernentwicklung und Personalentwicklung bei Bildungsbüro/Integration Central unterstützt werden.

Das Portfolio soll, soweit möglich, die folgenden Elemente beinhalten:
1. Dokumentationsbögen für die Elternbegleiterinnen und -begleiter in den Grund- und Werkrealschulen, im Einzelnen:
   - Fallbögen für Gespräche mit Eltern
   - Fallbögen für Gespräche mit Schülerinnen und Schülern
   - Fallbögen für Gespräche mit Lehrkräften und der Schulleitung
   - Fallbögen für Gespräche mit Kooperationspartnern und -partnerinnen der Jugendberufshilfe, des Weinheimer Unterstützerkreises Berufsstart, der Jugendarbeit des Stadtjugendringes an den Grund- und Werkrealschulen etc.
   - Dokumentationsbögen für die Elterngruppenarbeit
2. Übersichtsblatt für Maßnahmen einer Woche (Arbeitsplanungsinstrument)
3. Sammelblatt für Fragen und Anliegen, z. B. für Mitarbeiterinnen- und Mitarbeitergespräche mit der zuständigen Projektleitung, die kollegiale Beratung oder für die oben genannten Qualifizierungsmaßnahmen im Zuge des „Tandem-Programms" des Kultusministeriums
4. „Kompetenzmanager": ein Tagebuch für Elternbegleiterinnen und -begleiter zur selbstgesteuerten Erfassung und Weiterentwicklung der individuellen Kompetenzbereiche.

Beim Bildungsbüro/Integration Central wird dazu in 2011 (auf der Basis von Windows-Office, Access) eine entsprechende elektronische Datenbank-Infrastruktur aufgebaut. Dieser Ansatz und das von Sylvia Selke entwickelte Instrument werden im Prozess der wissenschaftlichen Begleitung in 2011 weiter konkretisiert sowie zunächst erprobt und evaluiert.

Das bisherige Konzept wurde bewusst aus den Erfahrungen mit individualisierter Lernentwicklungsgestaltung und Lernwegbegleitung im Leitprojekt *Weinheimer Lebenswelt Schule* sowie im *Mercator-Projekt,* in das 2006–2009 von Sylvia Selke die Methodik der Lern- und Forschungstagebücher eingeführt wurde, hergeleitet (vgl. Süss 2008 und Süss/Harmand/Felger 2009). Vor allem die Erfahrungen mit dem

„Eisbergmodell" von Margret Carr und dem daraus vom Deutschen Jugendinstitut generierten Ansatz der „Bildungs- und Lerngeschichten" waren dafür wegweisend. – Mit „Bildungs- und Lerngeschichten" wird ein umfassendes Verfahren stärkenorientierter und auf kommunikativen Austausch ausgerichteter Lerndokumentation bezeichnet. Anhand von sogenannten Lerndispositionen und mithilfe des „Eisbergmodells" wird der individuelle Prozess des Lernenden wahrgenommen, unterstützt und schließlich in Form eines Portfolios dokumentiert, um für die Reflexion und für Schlussfolgerungen zur Gestaltung der nächsten Lernschritte zur Verfügung zu stehen.

Die zentralen Lerndispositionen im Carr'schen Eisbergmodell und die Selbstbeobachtung durch das lernende Individuum, die darin eine zentrale Rolle spielen, sollen so weit wie möglich auf die Personalentwicklung und die selbstgesteuerte Lernentwicklung von Elternbegleiterinnen und -begleitern übertragen werden.

6. Zusammenfassung

Mit der *Weinheimer Bildungskette* wurde in den letzten Jahren ein Handlungsansatz entwickelt, der grundlegende Merkmale einer präventiv angelegten und *kommunal koordinierten lokalen Gesamtstrategie* aufweist. Damit gelingt es zunehmend besser, die oft verwirrende Vielfalt von Förderansätzen, Programminhalten, Projekten und Trägerschaften (mit ihren jeweils unterschiedlichen Handlungslogiken) immer mit Blick auf die *Bedürfnisse der Kinder und Jugendlichen* zu einer konsistenten Gesamtstrategie zusammenzuführen. Maßgeblich ist dabei, dass die Förderung bei *den* Kindern und Jugendlichen ankommt, die ohne individuelle Förderung mit ihren Talenten auf dem Weg in eine autonome Lebensführung und in Ausbildung und Beruf „verloren gehen könnten".

Als besonders wichtiges Strategieelement hat sich – neben der Orientierung an den biografischen Übergängen – die Definition von priorisierten Schlüsselprozessen („Themen") der Bildungskette erwiesen, die systematisch, kontinuierlich und schrittweise in allen biografischen Phasen entwickelt werden sollen. Mit der Definition von *Elternbeteiligung als Schlüsselprozess* erhielt das Ziel „Eltern und Familien aktiv beteiligen" somit hohe Priorität. Entscheidend ist dabei, dass die sechs *Schlüsselprozesse nicht abgeschottet* voneinander gestaltet werden, sondern – wo immer sinnvoll und möglich – als aufeinander bezogene Entwicklungsprozesse. So werden Elternbeteiligung und Berufsorientierung und Berufswegeplanung neuerdings *als miteinander verknüpfte Praxen* entwickelt. Auf diese Weise beugen wir der „Versäulung" und der Abschottung von Entwicklungszielen, Akteuren und Arbeitsprozessen innerhalb der Bildungskette vor und fördern Kooperation. Gleiches gilt auch grundsätzlich für die Ausgestaltung der kommunalen Handlungsfelder „Integration" und „Bildung", die in Weinheim immer als *„Integration durch Bildung"* gedacht werden.

Mit der Entwicklung der Funktion *Elternbegleiter und -begleiterin*, ihrer Etablierung an Kitas und Schulen, ihrer engen Kooperation mit Lehrkräften, Fachkräften der Jugendberufshilfe und Sozialpädagogen und -pädagoginnen vor Ort an den Schulen ist ein erfolgreicher Handlungsansatz etabliert. Nach bisherigen Erfahrungen gelingt es durch die direkte Ansprache einer „soziokulturellen Vermittlerin bzw. eines Vermittlers", die bzw. der von den Eltern oft als Peer wahrgenommen wird, auch schul- und bildungsferne Eltern anzusprechen, zu aktivieren und sie schrittweise als Partner und Partnerinnen für die Schule und die Jugendberufshilfe zu gewinnen. So unterstützen wir die Familien dabei, die Berufsorientierung und Berufswegeplanung als Lern- und Bildungspartner und -partnerin ihrer Kinder interessiert und informiert zu begleiten und zugleich die gut entwickelten professionellen Unterstützungs- und Förderangebote am Übergang Schule – Beruf mit ihren Kindern gezielt zu nutzen. Ein unverzichtbarer *Qualitätsstandard* ist dabei die gleichermaßen *wertschätzende Grundhaltung* gegenüber den Ressourcen der Eltern und Familien sowie gegenüber der (professionellen) Kooperationspartner und eine sorgfältige Aufgaben- und Rollenklärung.

Wichtige *„Werkzeuge"* und Arbeitsprozesse *zur Weiterentwicklung von Elternbeteiligung* in der Weinheimer Bildungskette sind derzeit: die weitere Profilierung der Ziele, Rollen und Aufgaben einer Elternbegleiterin bzw. eines Elternbegleiters, inkl. der Klärung des notwendigen Kompetenzprofils (s. Kompetenzdreieck) und geeigneter Verfahren der Personalentwicklung. Hinzu kommt die Präzisierung der organisatorischen Einbindung der Elternbegleiterinnen und -begleiter in die schulischen Ablaufprozesse, die Stärkung der Zusammenarbeit von Elternbegleitung und Lehrkräften „im Tandem" sowie gemeinsame Fortbildungen, auch unter Einbezug der Fachkräfte aus der Jugendberufshilfe und von ehrenamtlichen Berufsstartpaten und -patinnen (Qualifizierungsstrategie und Curriculum). Abgerundet wird das „Werkzeugset" durch Arbeitsprozesse zum Entwickeln von selbstreflexiven Verfahren und Instrumenten für die kontinuierliche Dokumentation und Selbstevaluation dieser Entwicklungsprozesse, der Arbeitsstrukturen und der Ergebnisse der Arbeit der Elternbegleiterinnen und -begleiter.

Die skizzierten *Strategieentwicklungs- und Steuerungsaufgaben sind originäre Aufgaben der kommunalen Koordinierung* der lokalen Gesamtstrategie für Bildung, Berufsbildung und Integration und damit zentraler Bestandteil des städtischen Übergangsmanagements Schule – Beruf, das seit 2008 aus dem Programm „Perspektive Berufsabschluss" des Bundesministeriums für Bildung und Forschung und dem Europäischen Sozialfonds gefördert wurde.

Bildungsregion Weinheim

Projekte zur Elternbeteiligung in der Weinheimer Bildungskette

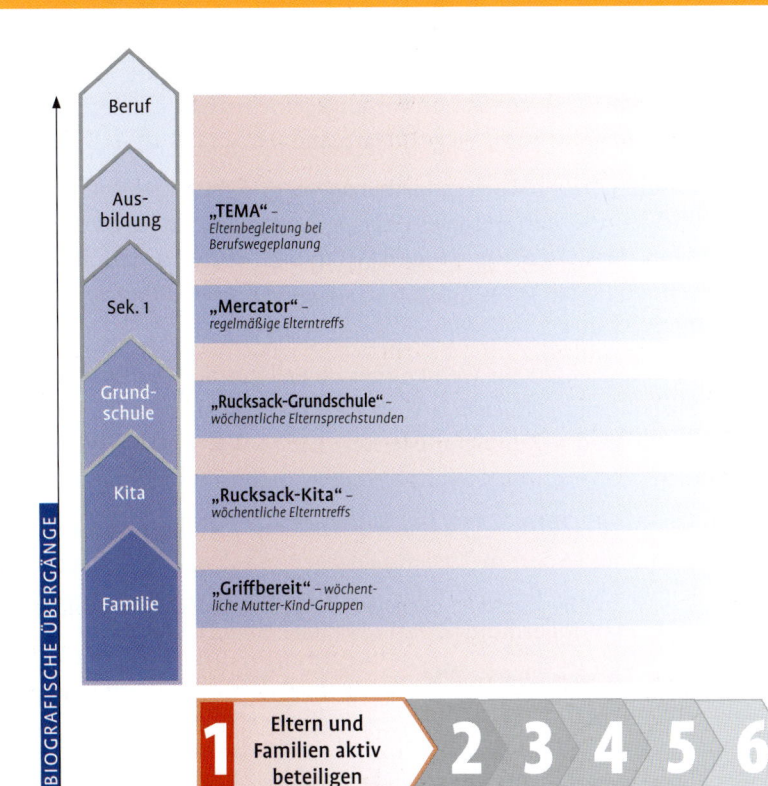

BIOGRAFISCHE ÜBERGÄNGE

- Beruf
- Ausbildung
- Sek. 1
- Grundschule
- Kita
- Familie

„TEMA" – Elternbegleitung bei Berufswegeplanung

„Mercator" – regelmäßige Elterntreffs

„Rucksack-Grundschule" – wöchentliche Elternsprechstunden

„Rucksack-Kita" – wöchentliche Elterntreffs

„Griffbereit" – wöchentliche Mutter-Kind-Gruppen

„TEMA" – regelmäßige Sprechstunden und Elterntreffs an Werkrealschulen durch Integration Central; türkische Fachkräfte arbeiten, in enger Kooperation mit Jugendberufshilfe und Schule, als Elternbegleiterinnen und stärken die Zusammenarbeit zwischen Elternhaus und Schule in Bezug auf Berufswegeplanung und Integration in Ausbildung

„Mercator" - regelmäßiger Elterntreff an Haupt- und Werkrealschulen durch eine qualifizierte Elternbegleiterin von Integration Central zur Stärkung der Zusammenarbeit zwischen Elternhaus und Bildungseinrichtung in Bezug auf Deutsch als Zweitsprache

„Rucksack-Grundschule" – wöchentliche Elternsprechstunde und Elterntreff durch eine qualifizierte Elternbegleiterin von Integration Central zur Stärkung der Zusammenarbeit zwischen Elternhaus und Bildungseinrichtung in Bezug auf Deutsch als Zweitsprache

„Rucksack-Kita" – wöchentlicher Elterntreff in Kitas durch eine qualifizierte Elternbegleiterin von Integration Central zur Förderung der Elternbildung, Mehrsprachigkeit und Deutsch als Zweitsprache

„Griffbereit" – wöchentliche Mutter-Kind-Gruppe, angeleitet durch eine qualifizierte Elternbegleiterin von Integration Central in Kitas, Mehrgenerationenhaus und Moschee zur Förderung der allgemeinen frühkindlichen Entwicklung und Mehrsprachigkeit

1 Eltern und Familien aktiv beteiligen 2 3 4 5 6

SCHLÜSSELPROZESSE / THEMEN

1. **Eltern und Familien aktiv beteiligen**
2. Sprachkompetenz fördern
3. Lernwege individuell gestalten, selbstgesteuertes Lernen
4. Lernwege individuell begleiten
5. Auf Ausbildung und Beruf vorbereiten
6. Kinder/Jugendliche beteiligen sich und lernen voneinander

Literatur- und Quellenverzeichnis

BMFSFJ (2005) – Bundesministerium für Familie, Senioren, Frauen und Jugend: Zwölfter Kinder- und Jugendbericht. Bericht über die Lebenssituation junger Menschen und die Leistungen der Kinder- und Jugendhilfe in Deutschland. Bonn (http://www.bmfsfj.de/RedaktionBMFSFJ/Abteilung5/Pdf-Anlagen/zwoelfter-kjb,property=pdf.pdf; Stand 02.08.2011)

Felger, Susanne (2010a): Das Übergangsmanagement Schule – Beruf der Stadt Weinheim: Lokale Verantwortungsgemeinschaft und Kommunale Koordinierung. In: Süss/ Felger/ Harmand (Hrsg.) (2010), S. 37–44

Felger, Susanne (2010b): Übergangsmanagement Schule – Beruf: Bürgerschaftliches und kommunales Engagement Hand in Hand. In: Hill, Hermann (Hrsg.) (2010): Bürgerbeteiligung. Analysen und Praxisbeispiele. Bonn (Reihe Verwaltungsressourcen und Verwaltungsstrukturen, Bd. 16), S. 95–104

Grünenwald, Christel (2009): Weinheimer Modell zur Sprachförderung und Elternbeteiligung – Rucksack Grundschule. Abschlussbericht der Projektleitung an das Kultusministerium Baden-Württemberg (vervielfältigt)

Kultusministerium (2010) – Baden-Württemberg, Ministerium für Kultus, Jugend und Sport in Zusammenarbeit mit dem Landesinstitut für Schulentwicklung (Hrsg.): http://www.kultusportal-bw.de/servlet/PB/menu/1279429/index.html?ROOT=1146607; Stand 02.08.2011

Rauschenbach, Thomas (2005): Bildung – das Architekturbüro für die eigene Lebensplanung. Interview in: DJI-Bulletin 73, Deutsches Jugendinstitut e.V. zum Zwölften Kinder- und Jugendbericht: Bildung, Betreuung und Erziehung vor und neben der Schule. S. 3–8

Schwaiger, Marika/Neumann, Ursula (2010): Regionale Bildungsgemeinschaften. Gutachten zur interkulturellen Elternbeteiligung der RAA. Hamburg (Universität Hamburg, Fakultät für Erziehungswissenschaft, Psychologie und Bewegungswissenschaft), März 2010

Süss, Ulrike (2006): Elternmentorentraining an Weinheimer Grund- und Hauptschulen. Bericht an die Elternstiftung Baden-Württemberg (vervielfältigt)

Süss, Ulrike (2008): Bildungsnetzwerk Hochschule, Schule und Kommune: Das Modell der Weinheimer Bildungskette. In: Pädagogische Hochschule Heidelberg, Institut für Weiterbildung: Perspektiven zur pädagogischen Professionalisierung. Interkulturelle Lernbegleitung von Migrantenschülerinnen und -schülern, Nr. 76, S. 59–65

Süss, Ulrike/Harmand, Carmen/Felger, Susanne (2009): Auf dem Weg zur lokalen Bildungslandschaft. Integriertes Bildungsmanagement in Weinheim. In: Bleckmann, Peter/Durdel, Anja (Hrsg.) (2009): Lokale Bildungslandschaften. Perspektiven für Ganztagsschulen und Kommunen. S. 265–283

Süss, Ulrike/Felger, Susanne (2010): Weinheimer Bildungskette – Rahmenvorgaben und erste Standards für die (Selbst-)Evaluation: Standards in den Programmen Weinheimer Lebenswelt Schule (LWS) und Weinheimer Regionales Übergangsmanagement Schule – Beruf (RÜM). Präsentation zum LWS-Netzwerktreffen am 2./3.12.2010 (vervielfältigt)

Süss, Ulrike/Huber, Khadija (2010): „Eltern als Motor" – Zur Genese des Strategiemodells Weinheimer Bildungskette. Veranschaulicht am Beispiel der Elternbeteiligung (http://integrationcentral.de/documents/2010-02-04 Eltern als Motor-Strategiemodell Weinheimer Bildungskette.pdf; Stand 08.01.2011)

Süss, Ulrike/Felger, Susanne/Harmand, Carmen (Hrsg.) (2010): Weinheimer Bildungskette 2010: Strategiemodell, Projekte und Kooperationspartner. Stadt Weinheim (http://www.uebma-weinheim.de/pdf-dateien/Uebma_Whm_BiildungsKette_2010_x_komprimiert.pdf oder http://www.integrationcentral.de/documents/2010-04-27%20LW-Doku-Bildungskette_print.pdf; Stand 02.08.2011)

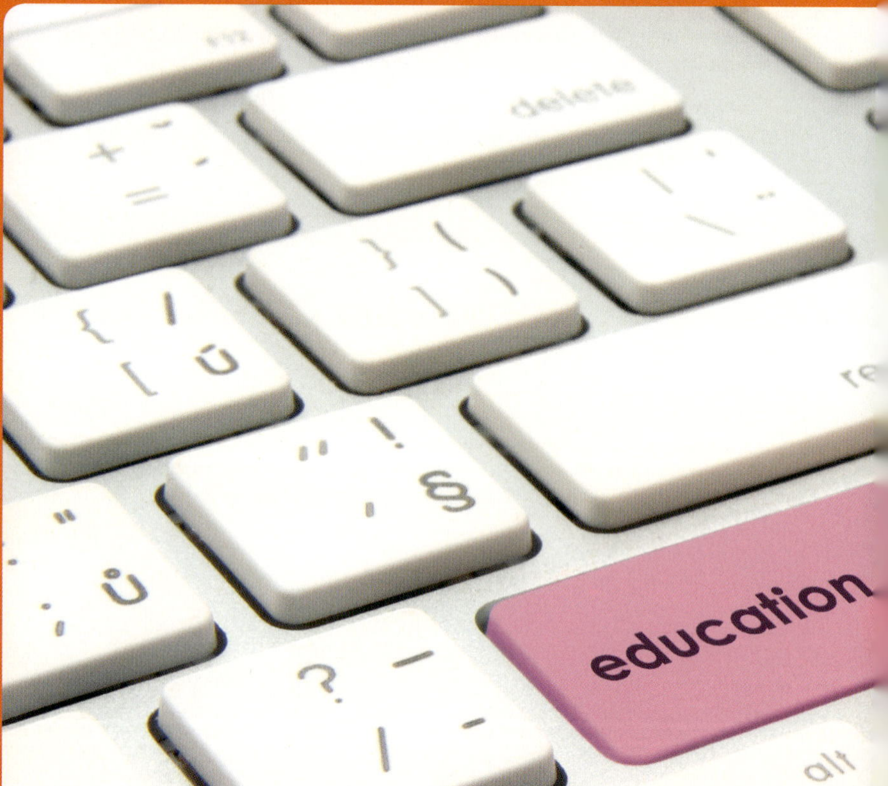
education

■■■■■■■ Kapitel 7

Fortbildungsreihe „Berufsbezogene Elternarbeit" für Lehrkräfte und Sozialarbeiterinnen und Sozialarbeiter

7 Fortbildungsreihe „Berufsbezogene Elternarbeit" für Lehrkräfte und Sozialarbeiterinnen und Sozialarbeiter

Evelyne Rößer

Regionaler Kontext

Geplant und umgesetzt wurde die Fortbildungsreihe vom Regionalen Übergangsmanagement Marburg-Biedenkopf.

> Das Regionale Übergangsmanagement Marburg-Biedenkopf bevorzugt einen präventiven sozialräumlichen Ansatz, der u. a. schulische Akteure und Elternvertretungen einbindet. Ziel ist es, Elternarbeit flächendeckend umzusetzen und Eltern mit und ohne Migrationshintergrund kompetent bei der Beratung ihrer Kinder hinsichtlich der Einmündung in das Berufsleben zu unterstützen. Die Fortbildungsreihe „Berufsbezogene Elternarbeit" für Lehrkräfte, Sozialarbeiterinnen und Sozialarbeiter sollte dazu beitragen, Lehrkräfte und pädagogische Fachkräfte im Bereich der berufsbezogenen Elternarbeit zu qualifizieren.

Ziele von Elternarbeit und Zielgruppe

Ein wichtiger Erfolgsfaktor für die schulische und berufliche Entwicklung von Jugendlichen ist die gute Zusammenarbeit zwischen Schule und Elternhaus. Eltern haben maßgeblichen Einfluss auf die Berufswahlentscheidung ihrer Kinder, sind sich jedoch ihrer Helfer-, Berater- und Begleiterrolle oft zu wenig bewusst. Aufgrund fehlender Informationen oder Überforderung wird der Berufsorientierungsprozess der eigenen Kinder für Eltern nicht selten zu einer Herausforderung, die mit Verunsicherung, Stress und Rückzug einhergeht. Insbesondere den Eltern der nicht in Deutschland geborenen Jugendlichen fehlen aufgrund der unterschiedlichen Berufsbildungssysteme der Herkunftsländer Kenntnisse und Erfahrungen mit dem deutschen Bildungs- und Übergangssystem.

Hier ist es von besonderer Bedeutung, die Eltern im Rahmen einer (interkulturellen) Elternarbeit im schulischen Bereich durch qualifizierte Angebote zu informieren, zu beraten und zu aktivieren, damit auch sie ihre Kinder bei der individuellen Lebens- und Berufsplanung realistisch und zukunftsbezogen unterstützen können. Elternarbeit wird somit zur schulischen Querschnittsaufgabe mit dem Ziel, Eltern als Kooperationspartner in der schulischen Berufsorientierung zu gewinnen.

> Dies kann nur Erfolg haben, wenn sich Elternarbeit an den vorhandenen Ressourcen und Potenzialen von Eltern orientiert. Um dies zu gewährleisten, bedarf es vonseiten der Schule einer pädagogischen Professionalisierung der Lehrkräfte im Hinblick auf Elternarbeit allgemein und in Bezug auf Berufsorientierung. Viele engagierte Lehrkräfte beklagen sich über eine zu geringe Beteiligung von Eltern und die mangelnde Akzeptanz von bestehenden Angeboten. Erfahrungen haben gezeigt, dass es Ansätze in der Elternarbeit gibt, mit denen insbesondere Eltern mit Migrationshintergrund, aber auch bildungsferne Eltern gut zu erreichen sind. Um nachhaltige berufsbezogene Eltern-Schule-Kooperationen zu entwickeln und im Schulcurriculum zu verstetigen, bedarf es Lehrkräfte, die sich der Bedeutung einer berufsbezogenen Elternarbeit bewusst sind, die bereit sind, mit Eltern zusammenzuarbeiten und die den Mut haben, Neues auszuprobieren.

Zugang zur Elternschaft

Erfahrungen der teilnehmenden Lehrkräfte haben gezeigt, dass der Zugang zu der Elternschaft meist sehr schwierig ist. Insbesondere Eltern mit Migrationshintergrund und bildungsferne Eltern sind über gängige schulische Angebote kaum zu erreichen. Bestehende Angebote werden von Eltern und Lehrkräften oft als kontraproduktiv empfunden, und Elterngespräche finden in der Regel nur bei Konflikten statt. Auffällig fanden die teilnehmenden Lehrkräfte, dass sich viele Eltern zu Beginn der Hauptschule zurückziehen.

> Als problematisch wird von den Fortbildungsteilnehmerinnen und -teilnehmern die starke Erwartungshaltung vonseiten der Eltern an die Lehrkräfte empfunden. Unsicherheiten, Ängste und Kritik gab es bei den Lehrkräften auch im Umgang mit (Migranten-)Eltern – bedingt durch die mangelnde Akzeptanz der eigenen Person (z. B. als Lehrerin) oder durch eine hohe Anspruchshaltung gegenüber der Schule. Als Ursache wurden Unwissenheit über kulturelle Gegebenheiten, Vorurteile auf beiden Seiten und das Gefühl des kollektiven Ausgeschlossenseins aufseiten der Eltern genannt. Die Voraussetzung für eine gelingende Zusammenarbeit sahen die Teilnehmenden in einem „Vertrauen schaffen durch Verständnis".

Fortbildungsdesign

Die Fortbildungsreihe wurde im Zeitraum September 2009 bis Juli 2010 in modularer Form durchgeführt. Angesprochen wurden Lehrkräfte, Sozialarbeiterinnen und Sozialarbeiter der Schulformen Haupt- und Realschule im Landkreis Marburg-Biedenkopf und der Universitätsstadt Marburg.

> Ziel der Fortbildungsreihe war es, Lehrkräfte zu qualifizieren, zielgruppen- und bedarfsorientierte Angebote für Eltern im Berufswahlprozess ihrer Kinder zu entwickeln, durchzuführen und im eigenen Unterricht bzw. an der Schule zu etablieren.

Die Module 1–4 fanden im Abstand von vier Wochen statt. Im Laufe der Fortbildung entwickelten die Teilnehmenden Projekte, in denen Eltern verantwortlich in die Berufsorientierung ihrer Kinder einbezogen werden. Zwischen den Modulen 4 und 5 lag eine praktische Umsetzungsphase von sechs Monaten. In dieser Zeit hatten die Teilnehmenden die Gelegenheit, die in der Fortbildungsreihe entwickelten Projekte/Ansätze an ihrer Schule zu erproben. Die Fortbildungsreihe endete mit dem Auswertungsmodul 5 und wird in Form einer Abschlussdokumentation für die interessierte Fachöffentlichkeit zugänglich gemacht. An der Fortbildungsreihe nahmen acht Lehrkräfte von fünf Schulen des Landkreises Marburg-Biedenkopf und zwei Schulen der Universitätsstadt Marburg teil.

Öffentlichkeitsarbeit

Die Verteilung der Ankündigungsflyer erfolgte über das Staatliche Schulamt Marburg-Biedenkopf an insgesamt 17 Schulen mit den Schulformen Haupt- und Realschule des Landkreises Marburg-Biedenkopf und der Universitätsstadt Marburg. Zusätzlich wurden von den Organisatoren alle Schulleitungen per E-Mail oder persönlicher Ansprache über die Veranstaltung informiert.

Einige der angesprochenen Schulen zeigten großes Interesse an der Fortbildung, konnten jedoch aufgrund von personellen Engpässen bzw. Terminüberschneidungen (z. B. Nachmittagsunterricht) keine Lehrkräfte für die Fortbildung freistellen. Andere Schulen fanden das Thema interessant und wichtig, bearbeiteten im Rahmen der Schulentwicklung jedoch aktuell andere Schwerpunkte. Rückblickend lässt sich feststellen, dass die Resonanz bezüglich des Themas „Elternarbeit" eher zurückhaltend war.

Netzwerkstrukturen/Kooperationspartnerinnen und -partner

Die Fortbildungsreihe wurde vom Regionalen Übergangsmanagement Marburg-Biedenkopf inhaltlich geplant, organisiert und durchgeführt und über das Staatliche Schulamt Marburg-Biedenkopf angeboten.

> Das Institut für Qualitätsentwicklung Hessen akkreditierte die Qualifizierung mit 30 Leistungspunkten. Das Regionale Übergangsmanagement Marburg-Biedenkopf führte die Qualifizierung im Rahmen der hessenweiten Strategie „Optimierung der lokalen Vermittlungsarbeit bei der Schaffung und Besetzung von Ausbildungsplätzen in Hessen" (OloV) durch.

Es wurde keine Teilnahmegebühr erhoben. Die Teilnahme an allen Modulen war verpflichtend. Für die einzelnen Module wurden folgende externe Referentinnen und Referenten als Experten einladen:

- Modul 1: Prof. Dr. em. Werner Sacher, Friedrich-Alexander-Universität Erlangen-Nürnberg
- Modul 2: Dr. Judith Hilgers und Daniel Weis, Dipl.-Päd.
- Modul 3: Martina Kwaschik, Dipl.-Päd.

Die Module 4 und 5 wurden vom Regionalen Übergangsmanagement Marburg-Biedenkopf eigenständig umgesetzt.

Organisatorisches

Um der Fortbildungsreihe und dem Thema „berufsbezogene Elternarbeit" eine entsprechende Außenwirkung und Bedeutung zu verleihen, wurde ein Tagungsort außerhalb des schulischen Rahmens gewählt.

> Die Teilnehmenden erhielten somit die Möglichkeit, sich außerhalb von Schule und Alltag auf das Thema Elternarbeit einzulassen, um neue Ideen und Projekte zu entwickeln. Die Veranstaltungen fanden jeweils in einem Tagungszentrum statt.

Bis auf eine Ganztagsveranstaltung (Modul 2) wurden die Module nachmittags von 14:00 bis 17:30 Uhr nach dem Schulunterricht durchgeführt. Einige der Teilnehmerinnen und Teilnehmer hatten eine Anfahrtszeit von bis zu 40 Minuten zum Tagungsort. Diese Aspekte wurden bei der Zeitplanung und Ortswahl berücksichtigt. Um den Lehrkräften ein Gefühl des Willkommenseins zu geben, wurden die Räumlichkeiten ansprechend gestaltet, z. B. mit Blumen, und es wurde zu jedem Modul ein kleiner Imbiss mit Getränken zur Verfügung gestellt. Bei der Ganztagsveranstaltung (Modul 2) bestand die Gelegenheit, ein warmes Mittagessen einzunehmen. Die Raumgröße wurde so gewählt, dass die Möglichkeit für Kleingruppenarbeiten und interaktive Übungen gegeben war.

Module: Methodik – Didaktik – Inhalt

> Der Aufbau der Module entsprach einem ausgewogenen Verhältnis von Theorie und Praxis.
>
> Ausgehend von einem theoretischen Hintergrund über Elternbeteiligung wurden viele Praxisbeispiele vorgestellt, die zum Nachahmen ermutigen sollten. Zugleich regte ein reichhaltiges Methodenspektrum zur Reflexion der eigenen Ausgangslage an und diente als Methodenkoffer für die eigene Elternarbeit. Die einzelnen Module gestalteten sich kurzweilig, interessant und abwechslungsreich, und die Bedürfnisse der einzelnen Teilnehmerinnen und Teilnehmer wurden berücksichtigt, um den Lern- und Gruppenprozess optimal zu fördern. Methodisch wurde wie folgt gearbeitet: interaktives Kennenlernen, Wechsel von Kleingruppe und Plenum, aktives Einbringen in die Gruppe, Input und Diskussionen, angeleitetes und eigeninitiiertes Arbeiten, Projektplanung, Feedback.

Die Module enthielten inhaltlich folgende Schwerpunkte:

Modul 1: Hemmende und fördernde Faktoren für eine gelingende Elternarbeit

Im Modul 1 fand eine theoretische Auseinandersetzung mit allgemeinen Grundlagen zur Elternarbeit und interkulturellen Elternarbeit statt. Herr Prof. Dr. Werner Sacher hielt einen Vortrag über „Effektive Elternarbeit: Fördernde und hemmende Faktoren in der schulischen Elternarbeit", in dem er auf die Potenziale der Familie sowie Ziele und Standards professioneller Zusammenarbeit mit Eltern einging. In einem zweiten Kurzreferat wurden Defizite und Handlungsbedarfe in der Elternarbeit mit Migrantinnen und Migranten erläutert und spezielle Lösungsansätze aufgezeigt.

> Es wurden wissenschaftliche Ergebnisse und Handlungsempfehlungen vorgestellt. Im Anschluss an den theoretischen Input führten die Lehrkräfte eine Situationsanalyse über die Elternarbeit an ihrer Schule durch.

Modul 2: Eltern-Schule-Kooperation im Rahmen der Berufsorientierung – Ein Praxisworkshop für Lehrkräfte

Im zweiten Modul befassten sich die Teilnehmenden zunächst schwerpunktmäßig mit Schwierigkeiten und Lösungsansätzen von Eltern-Schule-Kooperationen. Die Referentin Judith Hilgers und der Referent Daniel Weis begannen mit einer Bestandsaufnahme zur Frage: „Wo sehen Sie Schwierigkeiten in der Zusammenarbeit mit Eltern?"

> **!** Im Ergebnis wurden verschiedene Barrieren zusammengestellt und Lösungsvorschläge erarbeitet. In einem zweiten Schritt wurde das Projekt „Herausforderung Hauptschule 2 – Eltern als Partner der schulischen Berufsorientierung" vorgestellt, das von der AG sozialwissenschaftliche Forschung und Weiterbildung (asw) e.V. an der Universität Trier in Zusammenarbeit mit zehn rheinland-pfälzischen Schulen durchgeführt wurde.

Neben empirischen Ergebnissen zur Zusammenarbeit von Eltern und Schule wurden verschiedene Good-Practice-Modelle aus dem Projekt dargestellt sowie Bausteine, die zu einer gelingenden Kooperation in der Berufsorientierung beitragen, erläutert.

> **!** Die Teilnehmenden erhielten ein Handout mit Anregungen, allgemeinen Tipps und konkreten Anleitungen zur Planung und Durchführung von Eltern-Schule-Projekten.

Modul 3: Genderorientierte Elternarbeit in der Berufsorientierung

Ziel des Moduls 3 war die Auseinandersetzung mit dem Thema „Gender in der Berufsorientierung", um den Zusammenhang von Geschlechterrollen und Berufswahlentscheidungen zu verdeutlichen. Die Referentin Martina Kwaschik gestaltete den Nachmittag bewusst handlungsorientiert-interaktiv. Zum einen, um einen Erfahrungsaustausch anzustoßen und Bildungsprozesse zu ermöglichen und zum anderen, um den Teilnehmenden Methoden an die Hand zu geben, die sie später in der eigenen Elternarbeit umsetzen können.

> Die praktischen Elemente wurden durch kurze Inputs zu den Themen „Gender" und „Berufswahlentscheidungen" ergänzt. Die Teilnehmenden beschäftigten sich mit ihrer persönlichen Berufsbiografie und erarbeiteten genderbezogene Einflussfaktoren in ihren eigenen Berufswahlentscheidungen.

Über die im Workshop verwendeten Methoden hinaus stellte die Referentin eine umfangreiche Materialsammlung zum Thema „Genderbewusste Berufsorientierung" in Form einer CD-ROM zur Verfügung, die Praxisbeispiele, Hinweise zur Gestaltung von Elternarbeit, Elternratgeber, Themenblätter und Methodensammlungen sowie hilfreiche Internetadressen umfasst.

Modul 4: Entwicklungsworkshop zur praktischen Umsetzung von Elternarbeit

Zu Beginn des vierten Moduls wurde das Programm „FuN-Berufs- und Lebensplanung" als Praxisbeispiel vorgestellt. Anschließend planten die teilnehmenden Lehrkräfte unter Anleitung jeweils ein Projekt zur berufsbezogen Elternarbeit. Bei der Planung wurde auf eine klare Definition des Projektziels geachtet. Davon ausgehend wurde eine Risikoanalyse durchgeführt, in der voraussichtliche Schwächen, aber auch Stärken des geplanten Projekts aufgelistet wurden.

> Im Anschluss daran konnte ein konkreter Maßnahmenkatalog erstellt werden, der mit einer Zeitplanung und der Formulierung von Zuständigkeiten verbunden war. Zuletzt wurden Erfolgskriterien formuliert und Methoden entwickelt, mit denen diese zu messen sind.

Umsetzungsphase

Im Anschluss an das vierte Modul folgte eine sechsmonatige Umsetzungsphase, in der die Lehrkräfte ihre Projekte umsetzten.

> Die Fortbildungsleitung blieb während der Übergangsphase im Austausch mit den Lehrkräften und informierte sich regelmäßig über den Stand der einzelnen Projekte. Darüber hinaus erhielten die Teilnehmenden Unterlagen, Materialien, Ergebnisse und Fotos aus den einzelnen Modulen.

Die Kontaktaufnahme erfolgte auf unterschiedliche Art und Weise, z. B. durch Erinnerungsschreiben per Post, E-Mails, Telefonate oder auch über persönliche Gespräche. Der Termin für das Auswertungsmodul 5 wurde nach Stand der Projekte festgelegt. Angestrebt wurde, die Projekte bis Ende des Schuljahres 2009/2010 abzuschließen. In einzelnen Fällen kam es zu Terminverschiebungen, oder die Zielsetzung musste nochmals überarbeitet werden.

Modul 5: Auswertung der Projekte – Erfolge, Stolpersteine, Lösungsideen

Im Modul 5 wurden die Ergebnisse und Erfahrungen aus der Umsetzungsphase präsentiert und mit der Frage ausgewertet, ob die Erfolgskriterien der einzelnen Projekte erfüllt worden sind. Die Teilnehmenden tauschten sich über Stolpersteine und Erfolgsfaktoren bei der Durchführung ihrer Projekte aus und diskutierten über die Zukunftsperspektiven ihrer Projekte. Die Fortbildungsreihe wurde mit einem allgemeinen Feedback beendet.

Erfahrungen

Als schwierig hat sich in der Anfangsphase die Akquise der Teilnehmenden erwiesen. Aufgrund von zunächst nur wenigen Anmeldungen wurde die Anmeldefrist verlängert und potenzielle Teilnehmerinnen und Teilnehmer nochmals durch Telefonate und E-Mails persönlich kontaktiert. Der modulare und inhaltliche Aufbau der Fortbildung wurde von den Teilnehmenden gut angenommen. „Die Module waren vom Timing und von der Aufteilung her gut, nicht zu lang und sehr abwechslungsreich" (Zitat einer Lehrkraft).

Der theoretische Input aus Modul 1 gab den Teilnehmenden Anlass zur kritischen Reflexion des eigenen beruflichen Handelns. In Modul 2 zeigte sich, dass ausreichend Zeit und Raum zur Verfügung gestellt werden sollte, um persönliche Erwartungen und Einstellungen sichtbar zu machen und auszutauschen. „Wir Lehrkräfte sollten unsere Erwartungen den Eltern gegenüber reflektieren" (s. o.).

> Den zeitlichen Abstand zwischen den einzelnen Modulen nutzten die Lehrkräfte, um sich mit dem neuen Wissen zu beschäftigen und eigene Erfahrungen und Verhaltensweisen zu hinterfragen. Großes Interesse bestand an den Praxisbeispielen, die in jedem Modul vorgestellt wurden. So konnten die Lehrkräfte erfahren, dass es vielfältige Handlungsansätze, auch für strukturelle Probleme, gibt. „Ich habe Möglichkeiten erkannt, realistisch an das Thema Elternarbeit und Berufsorientierung heranzugehen und vorhandene Ressourcen zu nutzen" (s. o.).

Im Allgemeinen zeigte sich, dass in der schulischen berufsbezogenen Elternarbeit meist der „rote Faden" fehlt und die Durchführung und Gestaltung von Elternkooperationen in den meisten Fällen vom Engagement einzelner Lehrkräfte abhängig ist. Der mangelnde Zugang zu Eltern wurde anfangs als Struktur- oder Ressourcenproblem eingestuft („eine Baustelle von vielen") oder externalisiert („die Eltern ..."). Es wurde deutlich, wie häufig Lehrkräfte in starre Strukturen eingebunden und von strukturellen Hindernissen umgeben sind, die die Entwicklung von innovativen Formen der Elternarbeit erschweren. Für manche Lehrkräfte war es ungewohnt, abseits des Bekannten neue Formen der Elternarbeit zuzulassen. Besonders hilfreich empfanden die Lehrkräfte die Arbeit in der Gruppe und den Austausch mit „gleichgesinnten Einzelkämpfern". „Die Gruppenarbeit habe ich als sehr gut empfunden. Ich habe mich nicht so allein gelassen gefühlt, da wir Probleme gemeinsam besprechen und als Team arbeiten konnten" (s. o.).

Das Modul 3 und die Beschäftigung mit dem Begriff „Gender" trafen bei den Lehrkräften auf unterschiedliche Akzeptanz. Es wurde deutlich, dass das Thema auch einer Auseinandersetzung mit der eigenen Person bedarf und nicht jede Lehrkraft Zeit und Ressourcen hat, sich mit dem Thema näher auseinanderzusetzen, um die Ergebnisse in den schulischen Alltag zu integrieren. Die Reaktionen waren sehr kontrovers und reichten von einer ablehnenden Haltung: „Berufsorientierung *und* Elternarbeit *und* geschlechtersensibel? Das ist mir einfach zu viel" (s. o.) bis hin zur positiven Bestärkung: „Ich fühle mich bestätigt in der Auffassung, dass es bei der Berufsorientierung ganz wichtig ist, individuell auf jedes Kind einzugehen. Und da gehört die Berücksichtigung der Geschlechterrolle auf jeden Fall mit hinzu" (s. o.).

Durch die aktive Auseinandersetzung mit dem Thema Elternarbeit über einen längeren Zeitraum, entwickelten die Lehrkräfte bereits im Vorfeld Projektideen, welche dann im Modul 4 gemeinsam konkretisiert werden konnten. „Ich fand die konkrete Projektentwicklung in Form eines Fahrplans sehr gut. Ich bin zufrieden damit, einen Teil meiner Arbeit erledigt zu haben" (s. o.). Die Ergebnisse des Seminars und der Gruppenprozess wurden im Auswertungsmodul 5 von der Gruppe durchweg positiv beurteilt.

Rückblickend auf die Fortbildungsreihe kann festgestellt werden, dass alle Lehrkräfte ein Projekt entwickelt und bis auf eine Lehrkraft, die aus persönlichen Gründen verhindert war, auch durchgeführt und ausgewertet haben. Alle Teilnehmenden haben ihre Erfolgskriterien erfüllt und schätzen die Nachhaltigkeit ihrer Projekte relativ hoch ein.

Einige Projekte wurden in den jeweiligen Schulentwicklungsprozess aufgenommen und dort verankert. „Endlich Land in Sicht" (s. o.). Dabei ist zu beachten, dass die Ausgangsbedingungen von Schule zu Schule sehr unterschiedlich waren und es keine allgemeingültigen Lösungswege für eine gelingende Elternbeteiligung gibt. Alle Teilnehmenden waren sich darüber einig, dass eine verstärkte Elternarbeit notwendig ist und dass es sich lohnt, Eltern von der Nützlichkeit der Angebote und der Notwendigkeit einer Zusammenarbeit zu überzeugen. Darüber hinaus gaben die teilnehmenden Lehrkräfte an, sich weiterhin in der Weiterentwicklung und Verstetigung von Elternkooperationen zu engagieren: „Ich mache weiter, die Mehrarbeit lohnt sich" (s. o.).

Handlungsempfehlungen

Vorteilhaft ist die verbindliche Teilnahme von mindestens zwei Lehrkräften einer Schule an der Qualifizierung. Für die Umsetzung der einzelnen Projekte wird die Unterstützung insbesondere durch die Schulleitung, das Kollegium oder auch durch einzelne Kolleginnen und Kollegen als wichtig, wenn nicht sogar als Grundvoraussetzung erachtet. Die Fortbildungsreihe eignet sich auch für die Schulform Förderschule, für Berufliche Schulen oder als Baustein in der Lehrkräfteausbildung. Da der Genderaspekt für die meisten Lehrkräfte in der Elternarbeit keine bzw. nur eine geringe Rolle spielte, ist davon auszugehen, dass dies auch für den Großteil der Elternschaft zutrifft. Von daher ist ein verstärktes genderorientiertes Angebot in der schulischen Berufsorientierung und Elternarbeit bzw. in der Schulentwicklung anzuraten.

> Das breite Methodenspektrum und eine Atmosphäre des Willkommenseins hat sich als vorteilhaft herausgestellt, um Inhalte zu vermitteln, Reflexionsprozesse in Gang zu setzen und Erfahrungen zu ermöglichen, die später in die eigene Elternarbeit transportiert werden können. Die zu entwickelnden Projekte sollten unter Anleitung realistisch und in kleinen Schritten geplant werden, damit die Lehrkräfte mit einem guten Handlungsgerüst motiviert und Erfolg versprechend in die Umsetzungsphase gehen können. Für die Umsetzungsphase selbst ist es sinnvoll, mit den Lehrkräften kontinuierlich in Kontakt zu bleiben und eine fachliche Beratung, Begleitung und Unterstützung vonseiten der durchführenden Organisation anzubieten.

Links

www.asw-trier.de (Projekt „Herausforderung Hauptschule 2 – Eltern als Partner der schulischen Berufsorientierung")

www.praepaed.de/funberuf.html (Projekt „FuN-Beruf-Lebensplanung©)

www.ruem-marburg-biedenkopf.de (Regionales Übergangsmagement Marburg-Biedenkopf)

www.bildungspakt-bayern.de/.../Vortrag_Bad_Boll.ppt (Prof. Dr. Werner Sacher: Vortrag Elternarbeit mit Migranten)

www.genderundschule.de (ausführliche Rubrik „Elternarbeit")

www.berufe-haben-kein-geschlecht.de (Elternratgeber)

www.girls-day.de

www.neue-wege-fuer-jungs.de

www.genderkompetenz.info/zentrum/

Literatur

Ebner, P., Fritz, S. (2005): Berufswahl: Das will ich – das kann ich – das mach ich. Lebensplanung spielerisch ausprobieren. Mühlheim an der Ruhr.

National Parent Teacher Association (1997): National Standards for Parent Family Involvement Programs. Chicago.

OECD Organisation for Economic Cooperation and Development (2001): Lernen für das Leben. Erste Ergebnisse der internationalen Schulleistungsstudie PISA 2000. Paris.

Richter, Ulrike (Hg.) (2004): Jugendsozialarbeit im Gendermainstream. Gute Beispiele aus der Praxis. Übergänge in Arbeit. Band 4. München.

Sacher, W. (2004): Elternarbeit in den bayerischen Schulen. Repräsentativ-Befragung zur Elternarbeit im Sommer 2004. Nürnberg (SUN Schulpädagogische Untersuchungen Nürnberg, Nr. 23).

Sacher, W. (2005): Erfolgreiche und misslingende Elternarbeit. Ursachen und Handlungsmöglichkeiten. Erarbeitet auf der Grundlage der Repräsentativbefragung an bayerischen Schulen im Sommer 2004. Nürnberg (SUN Schulpädagogische Untersuchungen Nürnberg, Nr. 24).

Sacher, W. (2005): Elternarbeit. Forschungsergebnisse und Empfehlungen. Zusammenfassung der Repräsentativ-Untersuchung an den allgemeinbildenden Schulen Bayerns im Sommer 2004. Nürnberg (SUN Schulpädagogische Untersuchungen Nürnberg, Nr. 25).

Sacher, W. (2008): Elternarbeit. Gestaltungsmöglichkeiten und Grundlagen für alle Schularten. Bad Heilbrunn.

Sacher, W. (2009): Elternarbeit schülerorientiert. Grundlagen und Praxismodelle. Für die Jahrgänge 1 bis 4. Berlin: Cornelsen.

Länder Bevölk
demogr
Statistik Wa
Entwicklung

Kapitel 8

Zusammenarbeit mit Eltern in der Berufsorientierung – Entwicklung einer Handreichung und dazu passender Fortbildungen für Personen, die sich für eine Verbindung von Schulen und Eltern engagieren

8 Zusammenarbeit mit Eltern in der Berufsorientierung – Entwicklung einer Handreichung und dazu passender Fortbildungen für Personen, die sich für eine Verbindung von Schulen und Eltern engagieren

Angelika Münz, Sandra Heisig

1. Ausgangssituation in der Landeshauptstadt Stuttgart

Eltern sind die wichtigsten Ratgeber ihrer Kinder im Übergang Schule – Beruf, so zeigt es die Stuttgarter Längsschnittstudie zu Übergangsverläufen von Absolventinnen und Absolventen aus Haupt- und Werkrealschulen auf (Gaupp & Prein 2007).

> ! Eltern üben damit entscheidenden Einfluss auf die Berufswahl ihrer Kinder aus – noch vor Lehrkräften, professionell und ehrenamtlich Beratenden oder Peers.

Der Stuttgarter Gemeinderat erteilte in der Konsequenz 2008 der Koordinierungsstelle Übergangsmanagement Schule – Beruf der Landeshauptstadt Stuttgart (Regionales Übergangsmanagement – RÜM Stuttgart) den Auftrag (Gemeinderatsvorlagen 283/2008 und 748/2008), ein Konzept für eine verbesserte Zusammenarbeit mit Eltern zu entwickeln.

Die Quote der direkten Übergänge in Ausbildung von Hauptschulabsolventinnen und -absolventen ist auch für einen Wirtschaftsstandort wie Stuttgart mehr als unbefriedigend. So finden 75% der Stuttgarter Schülerschaft an Hauptschulen keinen direkten Weg in die Ausbildung und den Beruf (Gaupp & Geier 2010). Eltern sind vor diesem

Hintergrund einmal mehr gefordert, sich kompetent in ihrer beratenden Rolle für ihre Kinder zu engagieren, aber nicht alle Eltern sind in der Lage, diese Unterstützung zu leisten.

> So sind die unterschiedlichen Lebenslagen der Eltern in Bezug auf den sozioökonomischen Status sowie verfügbare soziale Netzwerke und weitere personale Ressourcen in der Summe entscheidend, ob Eltern den Bildungs- und Ausbildungsweg ihrer Kinder hinreichend unterstützen können oder nicht.

Eine der Schlüsselempfehlungen der Erhebung lautete deshalb, die Zusammenarbeit zwischen Eltern, Schule und Jugendhilfe zu intensivieren, um den Stuttgarter Schülerinnen und Schülern den Übergang von der Hauptschule in die weiterführende Bildung und Ausbildung zu erleichtern.

Hinzu kommt, dass fast 80% der Stuttgarter Schülerschaft an Haupt- und Werkrealschulen aus zugewanderten Familien der ersten bzw. zweiten Generation stammen. Aus der Literatur ist bekannt, dass diejenigen mit Migrationshintergrund bei gleichen Ausgangsbedingungen seltener in eine vollqualifizierte Ausbildung münden als diejenigen ohne Migrationshintergrund (Beicht & Granato 2009). Als primär können für diesen Personenkreis multiple Belastungen und die im geringeren Maße zur Verfügung stehenden Ressourcen gesehen werden. Bei der Entwicklung eines speziell auf die Landeshauptstadt Stuttgart abgestimmten Handlungskonzepts wurde diesen Ausgangsbedingungen in besonderem Maße Rechnung getragen. Um möglichst umfassend den Bedarf und damit die Ansatzpunkte bei der Entwicklung eines solchen Konzepts eruieren zu können, stellte RÜM Stuttgart im Frühjahr 2009 eine multiprofessionelle Expertengruppe zusammen. Die Gruppe erarbeitete den Bedarf und konkrete Ansatzpunkte für die Entwicklung der Zusammenarbeit mit Eltern in der Kommune heraus. Im Ergebnis waren dies die Folgenden:

Für Eltern

1. Es werden muttersprachliche Informationen zum Bildungs- und Ausbildungssystem benötigt, die auf die Besonderheiten des jeweiligen Herkunftslands zugeschnitten sind.
2. Es muss Wissen über Berufe und Zukunftsperspektiven auf dem Arbeitsmarkt sowie Einblick in Betriebe vermittelt werden, um differenzierte Vorstellungen über die Arbeitswelt in Deutschland entwickeln zu können.
3. Erziehungskompetenzen müssen so gestärkt werden, dass sie die hiesigen Anforderungen des Bildungs- und Ausbildungssystems auf ihnen gemäße Weise mit den mitgebrachten Wünschen, Wertvorstellungen und Kompetenzen verbinden und in ein neues Gleichgewicht bringen können.
4. Es braucht Informationen zu Partizipationsmöglichkeiten in der Schule und im Stadtteil. Fortbildungen können dabei unterstützen, damit die Möglichkeiten, sich zu beteiligen, erkannt und realisiert werden können. Wichtig dabei ist, die Herstellung von neuen Kooperationen und Netzwerken vor Ort, um Zugänge zu Schulen, Betrieben sowie Trägerorganisationen und Stadtteilinitiativen zu eröffnen.
5. Elterninformation und -qualifizierung können nur dann gute Resultate erbringen, wenn Schulen – und darüber hinaus die sozialen Dienste, Ausbildungseinrichtungen und Betriebe – sich interkulturell öffnen und die nötigen Kompetenzen erwerben, um mit zugewanderten Eltern wirkungsvoll zusammenzuarbeiten.

Für Schulen bzw. für Schlüsselpersonen

1. (Interkulturelle) Fortbildung und Öffnung ist erforderlich, um den heutigen Anforderungen, die an eine Schule gestellt werden, gerecht zu werden.
2. Lehrkräfte brauchen Unterstützung in aufsuchender Elternarbeit, um neue Wege der Kooperation mit Eltern einschlagen und diese mit Beratung und Förderung für ihre Schülerschaft verknüpfen zu können.

3. Schulen brauchen ein gutes Netzwerk an (muttersprachlichen) Multiplikatoren (Kulturmittlern) in den Migrantencommunitys, weil diese erfahrungsgemäß am besten den Abstand zwischen zugewanderten Eltern und Schulen überbrücken können.
4. Personen, die zwischen Schule und Elternschaft vermitteln bzw. helfen wollen, müssen thematisch ausreichend qualifiziert werden.

Um diese verschiedenen Ansatzpunkte auf sinnvolle Weise zusammenzuführen, entschied sich RÜM Stuttgart für eine kombinierte Lösung von Publikation in Form einer Handreichung und der dazu passenden Fortbildung. Ziel ist, diese als Instrumente zur Verbesserung der Zusammenarbeit mit Eltern an Schulen, in Stadtteilzentren, in Migrantenorganisationen und an anderen Orten der Elternfortbildung einzusetzen.

2. Handreichung

Die Handreichung wurde in Zusammenarbeit mit der interkulturellen Trainerin und Beraterin Jutta Goltz erarbeitet und bietet nun Lehrkräften, Personen der Schulsozialarbeit, (muttersprachlichen) Multiplikatorinnen und Multiplikatoren, wie z. B. Elternlotsen aus Migrantencommunitys, praktische Anregungen für die Entwicklung der Zusammenarbeit mit Eltern durch systematische Einbindung in die einzelnen Schritte der Berufswegeplanung.

Struktur und Inhalt

Die Handreichung wurde als Ordner aufgelegt, der eine Broschüre und lose Arbeitsblätter enthält. Die Broschüre beinhaltet Folgendes (Münz, Heisig & Goltz 2011, vgl. S. 2):

Kapitel 1 erläutert Grundsätzliches zur geforderten Kooperation von Elternhaus und Schule: Was ist erforderlich, damit die Kooperation gut gelingt? Was sind Zugangsbarrieren aufseiten der Eltern, und was sind

Zugangsbarrieren aufseiten der Schule? Welche Möglichkeiten gibt es, sich Zugänge konstruktiv zu erschließen, und welche institutionellen Rahmenbedingungen müssen dafür gegeben sein? Das Kapitel bietet dazu Planungshilfen, die die praktische Arbeit erleichtern sollen.

Kapitel 2 eröffnet praktische Vorschläge für die Einbindung von Eltern in die Berufsorientierung durch Themenbausteine und dazugehörige Aktivitäten, die sich am schulischen Curriculum der Berufswegeplanung orientieren und mit denen Eltern ihre Kinder auf dem Weg in die Ausbildung unterstützen können. Die folgenden Themenbausteine werden inhaltlich bearbeitet:

- Themenbaustein 1: Vorbereitung der Eltern auf die Berufswahl ihres Kindes
- Themenbaustein 2: Persönlichkeit, Interessen und Fähigkeiten
- Themenbaustein 3: Berufe erkunden
- Themenbaustein 4: Die Arbeitswelt erleben und verstehen
- Themenbaustein 5: Berufsvorbereitung und Bewerbungen
- Themenbaustein 6: Infos und Unterstützung.

> Dabei findet der Aspekt der *Vielfalt* besondere Berücksichtigung, einerseits mit Bezug auf Geschlechterdifferenzierung (unterschiedliche Einbindung von Vätern und Müttern, unterschiedliches Berufswahlverhalten von Jungen und Mädchen), andererseits mit Bezug auf Migration (Mehrsprachigkeit und Verständigung, Ressourcenorientierung statt defizitärer Betrachtung). Die inhaltlichen Vorschläge zur Gestaltung der Themenbausteine im Prozess der Berufswegeplanung werden ergänzt durch methodische Hinweise zur Gestaltung von Elternabenden oder Elternseminaren.

Arbeitsblätter: Diese befinden sich im Anhang der Broschüre und nehmen Bezug auf die Themenbausteine aus Kapitel 2. Ergänzend finden sich im Anhang eine Reflexions- und Planungshilfe für Schulen zur Entwicklung eines Konzepts der Zusammenarbeit mit Eltern sowie ein Eltern-ABC Berufsorientierung, das die wichtigsten Begriffe aus der Berufsorientierung für Eltern erläutert.

Die Arbeitsblätter können von Lehrkräften, Personen der Schulsozialarbeit und/oder Multiplikatorinnen und Multiplikatoren bei Elternabenden im Klassenverband, auf klassenübergreifenden Schulveranstaltungen, in Elterncafés oder Müttertreffs oder auch bei Elternbildungsveranstaltungen in Migrantenvereinen eingesetzt werden. Sie dienen dazu, Eltern zu motivieren, sich mit der Berufsorientierung ihrer Kinder auseinanderzusetzen, und geben praktische Hinweise, was Eltern zur Unterstützung ihrer Kinder beitragen können. Die Arbeitsblätter liegen mehrsprachig vor: auf Deutsch, Türkisch, Italienisch, Serbisch, Russisch und Arabisch. Die Auswahl der Sprachen für die Übersetzung wurde in Konsultation mit der Abteilung Integration der Landeshauptstadt Stuttgart getroffen. Dabei wurde primär berücksichtigt, in welchen Migrantencommunitys der größte Informations- und Orientierungsbedarf in Fragen der Berufsorientierung vorliegt.

In Ergänzung zu dieser Publikation wurde in Zusammenarbeit mit dem Staatlichen Schulamt Stuttgart eine Fortbildung zum Thema „Zusammenarbeit mit Eltern in der Berufsorientierung" aufgelegt. Didaktische Hinweise zur Nutzung der Arbeitsblätter können so nachhaltiger und wirksamer platziert werden. Das dahinterstehende Konzept wird im Folgenden skizziert.

3. Fortbildung für Lehrkräfte und Personen der Schulsozialarbeit an Haupt- und Werkrealschulen

Die Fortbildung wurde von Dezember 2010 bis Juli 2011 in vier Modulen angeboten. Das Angebot richtete sich an Lehrkräfte und Personen der Schulsozialarbeit der Stuttgarter Haupt- und Werkrealschulen.

> Mit dem Ausschreibungskonzept wurde das Ziel verfolgt, pro Schule ein Tandem in der Zusammensetzung aus Lehrkraft und Schulsozialarbeit zu gewinnen. Mit dieser interdisziplinären Herangehensweise, die eine neue Form im Rahmen der Fortbildungsangebote des Staatlichen Schulamts darstellte, wurde auch die Erwartung verbunden, dass

> mit einer gemeinsamen Teilnahme die Zusammenarbeit von Lehrkräften und Personen der Schulsozialarbeit im Bereich der Elternarbeit gefördert bzw. ausgebaut werden kann.

Mit den Referentinnen Jutta Goltz, Koautorin der Handreichung, und Amina Ramadan konnten zwei langjährig erfahrene interkulturelle Trainerinnen und Fortbilderinnen gewonnen werden, die den Erfolg wesentlich mitbestimmten. Das Fortbildungskonzept beinhaltete insgesamt vier Module, wobei das erste Modul ganztägig und die folgenden jeweils einen halben Tag beanspruchten. Ziel der Fortbildung war, in die Arbeit mit der Handreichung einzuführen und damit praxisnah Lehrkräfte und Schulsozialarbeiterinnen und -sozialarbeiter zu sensibilisieren und zu qualifizieren, um die Zusammenarbeit von Schule und Eltern im Bereich der Berufsorientierung durch neue Angebote weiterentwickeln zu können. Die vier Module der Fortbildung hatten die folgenden Inhalte:

Modul 1: Voraussetzung schaffen für eine gelingende Zusammenarbeit mit Eltern

Das Modul bot eine Einführung in grundsätzliche Überlegungen zur Zusammenarbeit von Schulen und Eltern. Anhand der Reflexions- und Planungshilfe für Schulen aus der Handreichung analysierten die Tandems die Situation an ihrer jeweiligen Schule und formulierten kritische Punkte in der Zusammenarbeit mit Eltern. In der Übung „Lastensteine" wurden die Teilnehmenden sowohl für die eigenen Erwartungen, Befindlichkeiten und Voraussetzungen als auch für die der Eltern sensibilisiert. Die Zugangsbarrieren der Eltern rückten damit klarer ins Blickfeld, wurden benennbar, und damit eröffnete sich für die Teilnehmenden der Blick auf die persönlichen und schulischen Ressourcen, um die Barrieren zu verringern.

Modul 2: Zugänge schaffen und Kooperationen entwickeln

Das Modul begann mit einer Vorstellung der Arbeit des „Elternseminars", der kommunalen Familienbildungseinrichtung Stuttgarts, da sich im ersten Modul herausgestellt hatte, dass kaum jemand mit dieser

Einrichtung vertraut war. In Kleingruppen oder im Tandem wurden danach unter Bezugnahme auf die Handreichung die folgenden Aufgaben mit anschließender Präsentation bearbeitet:

- Übersichtsraster, um Berufswegeplanung an der jeweils eigenen Schule darzustellen.
- Konzeptpapier, um Eltern das „Stuttgarter Berufswahlportfolio" zu erklären, das seit dem Schuljahr 2010/2011 von RÜM Stuttgart entwickelt und den Haupt- und Werkrealschulen zur Verfügung gestellt wird.
- Konzeptpapier, um Eltern das „Berufliche Planspiel", das im Rahmen der vertieften Berufsorientierung an allen Haupt- und Werkrealschulen durchgeführt wird, zu erklären.
- Konzeptpapier, um die Bedeutung von Praktika zu erklären.
- Konzeptpapier, um Eltern die Rolle von Berufspaten zu erklären.

Modul 3: Entwicklung eines Praxisprojekts

Das Modul bot mittels der Sensibilisierungsübung „Mitte der Gesellschaft" den Teilnehmenden die Möglichkeit, sich probeweise in die Rolle von Schwachen und Starken der Gesellschaft hineinzuversetzen, dabei Chancenungleichheiten abhängig von Geschlecht, Alter, Hautfarbe, Herkunft, Gesundheit u. a. herauszuarbeiten und zu erfahren, wie Diskriminierung die Entfaltungsmöglichkeit von Menschen beeinträchtigen kann. Für das abschließende Modul entwickelte jedes Tandem ein Praxisprojekt, das an der Schule umgesetzt werden sollte.

Modul 4: Auswertung des Projekts – Handlungsansätze für die Zukunft

Das Modul begann nach dem Einstieg mit einer Sensibilisierungsübung zum Thema Vielfalt mit dem Bericht zum Stand der Praxisprojekte an den Schulen, die mit einer soziometrischen Aufstellung zu den folgenden Punkten bearbeitet wurde:

- Ich werde hier erst nächstes Schuljahr aktiv ...
- Ich bin dran, es läuft ...
- Ich bin dran und habe offene Fragen ...
- Ich habe es bereits durchgeführt ...

> Die Gruppen berichteten bzw. holten sich kollegiale Beratung zu ihren jeweiligen Fragen. Das Modul endete mit einer Vorstellung von Methoden und Materialien zur Gruppenaktivierung und der mündlichen und schriftlichen Auswertung der Fortbildung.

Resümee

Überraschend war festzustellen, dass – gleichwohl es für sinnvoll und wichtig erkannt wurde – keine der vertretenen Schulen bis dato eine Übersicht zur Berufswegeplanung hatte, welche die Eltern mit berücksichtigte und ihnen darin eine aktive Rolle zuschrieb. Kleingruppenarbeit wurde als methodischer Ansatz für die Elternarbeit an Schulen entdeckt. Da dies aber für die Lehrkräfte recht neu ist, werden mehr methodische Grundkenntnisse der Erwachsenenbildung erforderlich, auch um sich besser auf diese für sie ungewohnten Arbeitsformen einlassen zu können.

Die Evaluation der einzelnen Module zeigte eine sehr hohe Zufriedenheit der Teilnehmenden mit dieser Fortbildung. Ferner wurde die Handreichung als sehr nützlich für die Schulpraxis bewertet.

> **!** Darüber hinaus wurde besonders hervorgehoben, dass das Klima des gemeinsamen Lernens hervorragend war und das Lernen im Tandem von Schulsozialarbeiterinnen bzw. Schulsozialarbeitern und Lehrkraft ergiebig und zielorientiert verlief und deshalb häufiger auf diese Weise stattfinden sollte. Ebenso wurde positiv eingeschätzt, dass das Lernen aus den Beispielen anderer Schulen, kombiniert mit Ideen und Methodenbeispielen, sehr hilfreich war.

Für RÜM Stuttgart ist dies die Bestätigung, dass sich der Planungsaufwand für die Fortbildung lohnte. Es zeigte sich darüber hinaus, dass die mündliche Werbung während eines Werkstattgespräches für die Schulen, das durch RÜM Stuttgart im Oktober organisiert wurde, effektiver war als die schriftliche Ausschreibung im Fortbildungsverzeichnis des Staatlichen Schulamts Stuttgart.

4. Zukunftspläne

Der große Erfolg spiegelt sich auch in einer Neuauflage der Fortbildung für das kommende Schuljahr 2011/2012. Wegen der positiven Rückmeldungen aus der Evaluation wird die Fortbildung wieder mit den gleichen Referentinnen stattfinden.

> Die Zielgruppe wird erweitert und für Teilnehmende aus beruflichen Schulen und Förderschulen geöffnet. Darüber hinaus wird aktuell eine Fortbildung für Migrantenorganisationen gestaltet, die Multiplikatorinnen und Multiplikatoren aus den Vereinen in zwei Modulen im Gebrauch der Arbeitsblätter der Handreichung fortbilden wird. Weiterhin wird ein Fachtag zum Thema Kooperation mit Eltern in Zusammenarbeit mit den Abteilungen Jugendhilfeplanung und dem Elternseminar organisiert, der Schulen, Träger, Migrantenorganisationen, Betriebe, Ämter, die Agentur für Arbeit Stuttgart, das JobCenter und andere Akteure des Arbeitsfelds Übergang Schule – Beruf zusammenführen will, um neue Vernetzungen zu ermöglichen und bestehende zu vertiefen.

Literatur

Beicht, U. & Granato, M. (2009): Übergänge in eine berufliche Ausbildung. Geringere Chancen und schwierige Wege für junge Menschen mit Migrationshintergrund. Expertise des Gesprächskreises Migration und Integration der Friedrich-Ebert-Stiftung. Verfügbar unter: http://www.bibb.de/de/52287.htm (letzter Zugriff: 29.07.2011)

Gaupp, N. & Geier, B. (2010): Stuttgarter Haupt- und Förderschüler/innen auf dem Weg von der Schule in die Berufsausbildung. Bericht zur dritten Folgeerhebung der Stuttgarter Schulabsolventenstudie. Landeshauptstadt Stuttgart, Jugendamt (Hrsg.)

Gaupp, N. & Prein, G. (2007): Stuttgarter Haupt- und Förderschüler/innen auf dem Weg von der Schule in die Berufsausbildung. Bericht zur Basiserhebung der Stuttgarter Schulabsolventenstudie. Landeshauptstadt Stuttgart und Deutsches Jugendinstitut e.V.

Gemeinderatsvorlage 283/2008: Übergangsmanagement und abgestimmte Maßnahmeplanung im Übergang Schule – Beruf. Landeshauptstadt Stuttgart

Gemeinderatsvorlage 748/2008: Längsschnittstudie: Berufliche Übergangsverläufe Stuttgarter Haupt- und Förderschüler/-innen, Ergebnisse aus der ersten Folgebefragung im November 2007. Landeshauptstadt Stuttgart

Münz, A., Heisig, S. & Goltz, J. (2011): Zusammenarbeit mit Eltern in der Berufsorientierung. Eine Handreichung für Lehrkräfte, Schulsozialarbeiter/-innen und (muttersprachliche) Schlüsselpersonen an Stuttgarter Haupt- und Werkrealschulen. Landeshauptstadt Stuttgart, Jugendamt, Koordinierungsstelle Übergangsmanagement Schule – Beruf

Gesundbrunnen
...str.
...er Str.
...aler Platz
Weinmeister-str.
Eber...
Sene...
Rosa...
Ale...
U5

Kapitel 9

Eltern, Schule und
Berufsorientierung in Berlin –
Schritte auf dem Weg

9. Eltern, Schule und Berufsorientierung in Berlin – Schritte auf dem Weg

Ralph Döring, Jana Pampel, Carsten Welker

Berliner Schulstrukturreform verändert Berufsorientierung

Die Berufsorientierung hat in Berlin mit der zum Schuljahr 2010/11 in Kraft getretenen Schulstrukturreform ein ganz neues Gewicht erhalten. Das bisherige vielgliedrige Schulsystem wurde zugunsten einer Reduktion auf zwei Schularten in der Sekundarstufe 1 aufgegeben, die Haupt-, Real- und Gesamtschulen gingen in der Integrierten Sekundarschule auf. Die neben dem Gymnasium nun einzige Schulform bietet den Schülerinnen und Schülern die Möglichkeit, die gleichen Bildungsabschlüsse wie am Gymnasium zu erwerben.

Dabei ist es erklärtes Ziel der Integrierten Sekundarschule, die Schülerinnen und Schüler intensiv auf die Berufswelt vorzubereiten und sie so „professionell wie möglich anzuleiten, eigene Interessen zu entwickeln und sich mit der eigenen Berufswahl auseinanderzusetzen"[1]. Um dem gerecht werden zu können, wurde das Duale Lernen als „praxisbezogenes und berufsorientiertes Lernen"[2] an der Integrierten Sekundarschule ab Klasse 7 eingeführt. Unter Einbezug verschiedener Lernorte wird schulisches Lernen praxiorientiert mit Inhalten aus dem Wirtschafts- und Arbeitsleben verknüpft. Anhand der Erfahrung von Praxis auch außerhalb der Schule sollen junge Menschen in die Lage versetzt werden, in der Schule erworbene Fertigkeiten und Kenntnisse damit zu verknüpfen, verschiedene Arbeitswelten sowie Optionen von Ausbildungswegen kennenzulernen und auf dieser Basis eine kompetente, tragfähige Berufswahlentscheidung zu treffen.

> Die Einführung des Dualen Lernens als verbindliches Element an allen Integrierten Sekundarschulen hat vielfältige Akteure in der Stadt mobilisiert und den Fokus der öffentlichen Betrachtung auf die Notwendigkeit einer systematischen Berufs- und Studienorientierung unter Zusammenarbeit aller Mitwirkenden gelenkt. Ungeachtet des erheblichen Engagements von Unternehmen, Wirtschaftsverbänden, Kammern u. a. gesellschaftlichen Akteuren ist eine kontinuierliche Unterstützung von Berufsorientierungsprozessen durch primäre Netzwerke wie das Elternhaus und die Familie unverzichtbar. Nicht zuletzt werden auch in der Erklärung der Partner des Dualen Lernens in Berlin Eltern als die wichtigsten Berater ihrer Kinder genannt und „deshalb ebenfalls besonders aufgerufen, die Berufswahl dauerhaft aktiv zu begleiten und Eigenverantwortung zu übernehmen"[3].

Expertise zur Elternarbeit: Von der Idee zur Umsetzung

Das Projekt Regionales Übergangsmanagement Berlin (RÜM Berlin) verfolgt einen strukturpolitischen Ansatz, der auch Fragen der Förderung der Elternarbeit am Übergang Schule – Beruf einbezieht.

> Um Handlungsbedarf zu identifizieren und die empirische Datenlage zu erweitern, war im Projektantrag eine Expertise zur Relevanz der Elternarbeit und der elterlichen Einflussnahme am Übergang Schule – Beruf in Berlin vorgesehen.

Dem Ansatz einer Beteiligung der relevanten Akteure an der Konzipierung dieser Expertise folgend, wurde einvernehmlich mit der Lenkungsrunde des Projektes im Sommer 2009 eine Expertenrunde einberufen, mit dem Auftrag, die Fragestellung für die geplante Expertise zur Elternarbeit zu konkretisieren. Neben der für die weiterführenden Schulen zuständigen Referatsleiterin der Senatsverwaltung für Bildung, Wissenschaft und Forschung wurden ausgewählte Expertinnen und Experten eingeladen, ihre Erfahrungen aus (Modell-)Projekten im Kontext der Elternarbeit am Übergang Schule – Beruf[4] einzubringen. Ebenso wurde der Vorsitzende des Landeselternausschusses an dieser Diskussion beteiligt.

Die einmalig tagende Runde von Expertinnen und Experten formulierte im Ergebnis mehrere Empfehlungen für die Ausgestaltung der Expertise. So wurde eine Fokussierung auf Elternarbeit im Kontext der Berufsorientierung und die Verzahnung berufsorientierender Elemente mit der Schullaufbahnberatung angeraten. Ziel gelingender Elternarbeit im Kontext der Berufsorientierung müsse es sein, Eltern für ihre Rolle und insbesondere Vorbildwirkung am Übergang Schule-Beruf zu sensibilisieren und dabei zu klären, wer in der Kooperation zwischen Eltern, Schule und externen Kooperationspartnern und -partnerinnen welche Aufgaben übernehmen kann. Demzufolge wurde für die Expertise empfohlen, die Fragen zu beantworten, welche vorhandenen Angebote derzeit welche Formen der Elternarbeit umsetzen, wie diese im Sinne eines Unterstützungssystems für Schulen aufeinander abgestimmt sind und welche Optimierungsmöglichkeiten in diesen Kooperationen liegen. Konsens bestand darüber, dass die Klärung dieser Frage auch vor dem Hintergrund der damals noch bevorstehenden Schulstrukturreform und der Einführung des Dualen Lernens eine besondere Relevanz erfährt.

Nach Rückkopplung mit der Lenkungsrunde wurde die Leistungsbeschreibung für die Expertise verfasst, ausgeschrieben und der Auftrag dem Institut für Innovation und Beratung an der Evangelischen Fachhochschule Berlin e.V. erteilt.

> **!** Die in der Expertise zu klärenden Fragen waren im Einzelnen:
> - Wer leistet im Kontext der allgemeinbildenden Schule in der Sekundarstufe I Elternarbeit, die einen gelingenden Übergang der Schülerinnen und Schüler in Ausbildung bzw. Beruf zum Ziel hat?
> - Welche spezifischen Ziele und Aufgaben werden dabei in Bezug auf Elternarbeit zur Förderung des erfolgreichen Übergangs Schule-Beruf verfolgt und auf welches Instrumentarium an Methoden, Werkzeugen und Arbeitsformen wird dabei zurückgegriffen?
> - Welche Kooperationsmodelle zwischen Schule und den externen Kooperationspartnern und -partnerinnen sind im Kontext der Elternarbeit am Übergang Schule – Beruf derzeit in Berliner

> Schulen in Anwendung? Welches Kooperationsmodell bzw. welche Kooperationsmodelle sind erfolgversprechend und für einen Transfer geeignet?
> - Welche Handlungsempfehlungen lassen sich daraus für ein adäquates Handlungskonzept für die Elternarbeit zur Unterstützung eines gelingenden Übergangs von der Schule in den Beruf ableiten?

Das der Expertise zugrunde gelegte Untersuchungsdesign[5] sah sowohl schriftliche als auch mündliche Befragungen von Schulpersonal (Lehrkräfte, Schulleitungen, Schulsozialarbeiter und -arbeiterinnen) sowie externen Kooperationspartnern und -partnerinnen (Mitarbeiter und Mitarbeiterinnen von Bildungsträgern, Projekten, Vereinen, freien Trägern) vor. Die Stichprobe bezog ausnahmslos Schulen ein, die im Vorfeld der Untersuchung schon in umfassende Programme des Landes Berlin oder der Bezirke zum Thema Berufsorientierung eingebunden waren. Die Expertise wurde Ende 2009 abgeschlossen. Die Verfasser resümieren: „An vielen Schulen ist die Einbeziehung von Eltern in die Berufsorientierung momentan kein zentraler Aktivitätsraum. Schulen warten darauf, dass Eltern von sich aus tätig werden bzw. die bereits vorhandenen Angebote annehmen."[6] In Hinblick auf die Kooperationsstrukturen wird eingeschätzt, dass es an den befragten Schulen an tragfähigen Strukturen mangelt. „Die untersuchten Schulen gehen hier ganz unterschiedliche Wege und versuchen, Kooperationspartner zu finden, die ihrem individuellen Schul- und Schülerprofil entsprechen. Welchen Schwerpunkt die einzelnen Schulen in ihren Kooperationen setzen, (...) scheint aber eher einer ‚zufälligen' Auswahl zu folgen als strukturierter Planung. Und Ressourcen, die Eltern in die Berufsorientierung von Jugendlichen einbringen könnten (vor allem jenseits des Auslaufmodells Hauptschule), werden von Schule oftmals nur unzureichend genutzt. (...) Die derzeit eher schwache Mitwirkung der Eltern in berufsorientierenden Angeboten ist als Teil einer Gesamtproblematik der Elterneinbeziehung an Schule zu sehen. Die Grundeinstellung von schulischen Akteuren zur Elternarbeit mit dem Zuschreibungskern eines (vermuteten) Desinteresses aufseiten der Eltern, aber auch die geringen strukturellen Ressourcen für die Zusammenarbeit mit Eltern müssen als Verursachungsbündel wahrgenommen werden (vernetzte Problementstehung und -verfestigung)."[7]

> Aus den Ergebnissen der Untersuchung werden in der Expertise folgende sieben Handlungsempfehlungen für die zukünftige Ausgestaltung von Kooperationen zwischen Schulen und externen Expertinnen und Experten zur Berufsorientierung unter Einbeziehung der Eltern abgeleitet:
> 1. Öffnung von Schule ausbauen
> 2. Ziele formulieren und Konzepte entwickeln
> 3. Multiprofessionelle Leistungserbringung strukturell absichern
> 4. Schule-Eltern-Kommunikation als programmatische Gestaltungsaufgabe verstehen
> 5. Erfahrungsbezogene, gemeinsame, interaktive und individuell passende Angebotsformen stärken
> 6. Zielgruppenangebote unterbreiten
> 7. Realismus in den Erwartungen
>
> Die Expertise regt an, erfahrungs- und erlebensbasierte Formate stärker als bisher zu berücksichtigen, wobei für entsprechende methodische Anreicherungen auf Themen wie z. B. die Berufsfelderkundung, das Praktikum, die Kompetenzfeststellung und das Bewerbungsverfahren hingewiesen wird.

Die Ergebnisse der Expertise wurden im März 2010 in der Lenkungsrunde von RÜM Berlin zur Diskussion gestellt. Dabei wurde mehrfach darauf verwiesen, dass Berufsorientierung in der Arbeit der allgemeinbildenden Schule erst in den vergangenen Jahren eine besondere Gewichtung erfahren habe und demzufolge Schulen Zeit gegeben werden müsse, diese Konzepte auch unter Einbezug externer Kooperationspartner und -partnerinnen zu entwickeln. Vereinbart wurde, dafür im Rahmen des Projektes entsprechendes methodisches Know-how im Sinne einer „kleinen, feinen" Methodensammlung zu entwickeln und diese mit anderen konzeptionellen Entwicklungen im Land Berlin abzustimmen.

Berufsorientierung – ein Schwerpunkt der Projektarbeit

Fragen der konzeptionellen Ausgestaltung der Berufsorientierung waren und sind ein Schwerpunkt von RÜM Berlin. Dabei steht vor allem der Aspekt der Kooperation und des Zusammenwirkens unterschiedlichster Akteure im Fokus.

Im Ergebnis dessen wurde der Berufsorientierungsrahmen (BO-Rahmen) entwickelt, der auf der Idee fußt, dass es für Berlin abgestimmte Überlegungen und Standards zum Thema Berufsorientierung braucht. Der Berufsorientierungsrahmen wurde in einem breiten Beteiligungsverfahren von ausgewählten Expertinnen und Experten im Übergangsfeld Schule – Beruf entwickelt. Er ist eine Arbeitshilfe und formuliert Empfehlungen für Berliner Schulen, die Grundlage und Unterstützung bei der Entwicklung von Schulkonzepten im Sinne eines berlinweit gültigen Rahmens bieten. Außerdem ist der BO-Rahmen auch für Kooperationspartner, also Betriebe und Bildungsdienstleister, eine Orientierungshilfe, um die zu erbringenden Beiträge bei Angeboten der Berufsorientierung zu präzisieren.

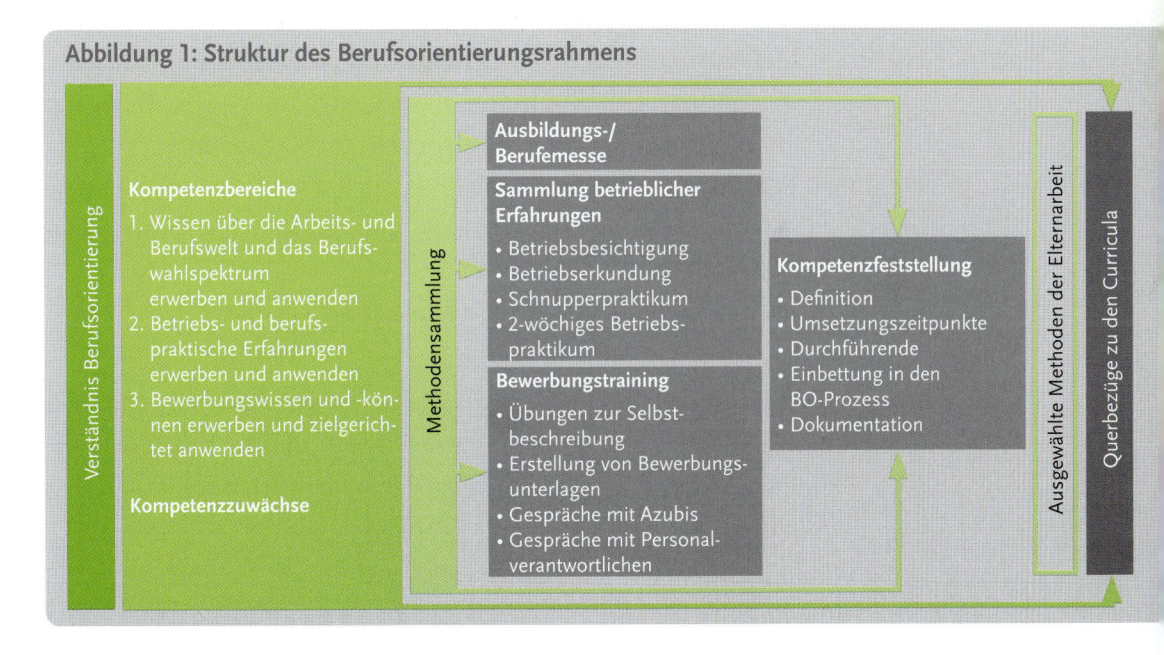

Abbildung 1: Struktur des Berufsorientierungsrahmens

Verständnis Berufsorientierung

Kompetenzbereiche
1. Wissen über die Arbeits- und Berufswelt und das Berufswahlspektrum erwerben und anwenden
2. Betriebs- und berufspraktische Erfahrungen erwerben und anwenden
3. Bewerbungswissen und -können erwerben und zielgerichtet anwenden

Kompetenzzuwächse

Methodensammlung

Ausbildungs-/Berufemesse

Sammlung betrieblicher Erfahrungen
- Betriebsbesichtigung
- Betriebserkundung
- Schnupperpraktikum
- 2-wöchiges Betriebspraktikum

Bewerbungstraining
- Übungen zur Selbstbeschreibung
- Erstellung von Bewerbungsunterlagen
- Gespräche mit Azubis
- Gespräche mit Personalverantwortlichen

Kompetenzfeststellung
- Definition
- Umsetzungszeitpunkte
- Durchführende
- Einbettung in den BO-Prozess
- Dokumentation

Ausgewählte Methoden der Elternarbeit

Querbezüge zu den Curricula

Wie der Abbildung 1 zu entnehmen ist, trifft der Berufsorientierungsrahmen Aussagen:
- zum Verständnis von Berufsorientierung
- zu Kompetenzbereichen mit den jeweils ausdifferenzierten Kompetenzzuwächsen, die Gegenstand von Berufsorientierungsprozessen sind:
  - Wissen über die Arbeits- und Berufswelt und das Berufswahlspektrum erwerben und anwenden
  - Betriebs- und berufspraktische Erfahrungen erwerben und anwenden
  - Bewerbungswissen und -können erwerben und zielgerichtet anwenden
- zu Empfehlungen für Standards der Kompetenzfeststellung im Rahmen der Berufsorientierung
- zu ausgewählten Methoden der Berufsorientierung, die anhand einer einheitlichen Struktur die Vorbereitung, Durchführung und Nachbereitung der jeweiligen Methode beschreiben und Verantwortlichkeiten festlegen:
  - Methoden zum Sammeln betrieblicher Erfahrungen (Betriebsbesichtigung, Betriebserkundung, Schnupperpraktikum, zweiwöchiges Betriebspraktikum)
  - Methoden des Bewerbungstrainings (Übungen zur Selbstbeschreibung, Erstellung von Bewerbungsunterlagen, Gespräch mit Azubis, Gespräch mit Personalverantwortlichen)
  - Ausbildungs-/Berufemesse
- zu Rückbezügen zu den Curricula unterschiedlicher Unterrichtsfächer
- zu ausgewählten Methoden der Elternarbeit

Nachdem zunächst ausschließlich Methoden der Berufsorientierung mit Jugendlichen erarbeitet wurden, ergänzt die im Folgenden beschriebene konzeptionelle Arbeit zu Methoden der Elternarbeit den BO-Rahmen.

Entwicklung und Beschreibung der Methoden der Elternarbeit

Die Ergebnisse der Expertise aufnehmend wurde im Frühjahr 2010 die konzeptionelle Arbeit zu den Methoden der Elternarbeit begonnen. Der erste Schritt war eine Literaturrecherche zu Formaten und Methoden der Elternarbeit im Kontext von Berufsorientierung und -ausbildung.[8] In den letzten Jahren ist eine Fülle an v. a. „grauer Literatur" zum Thema entstanden: Broschüren, Materialienbände, Handreichungen, Leitfäden etc., aber auch wissenschaftliche Artikel, die auf ihren Schatz an Darstellungen von Formaten und Methoden hin durchgesehen wurden (s. Literatur).

> Identifiziert wurden zunächst die folgenden 11 unterscheidbaren Formate, ohne Anspruch auf Vollständigkeit:
> - Informationsmaterialien (schriftlich oder digital)
> - Informationsveranstaltung, -abend, -vortrag
> - Elternsprechstunden und -beratungen an Schulen, Elterncoaching
> - Aufsuchende Elternarbeit: Veranstaltungen im Wohngebiet, bei Kirchengemeinden, Migrantenorganisationen; Hausbesuche
> - Elternfrühstück, -café, -stammtisch, -gesprächskreis
> - Seminare und Workshops mit Lehrern und Eltern
> - Werkprojekte mit Eltern an Schulen
> - Berufevorstellung durch Eltern an Schulen
> - Exkursionen mit Eltern- und Schülerinnen- sowie Schülerbeteiligung (z. B. zum Arbeitsplatz bzw. Betrieb eines Elternteils, zum Berufsinformationszentrum)
> - Betriebs- oder Schnupperpraktikumsbetreuung bzw. -koordinierung durch Eltern
> - Konzeptentwicklung, Durchführung und Auswertung von Projekten der BO durch Lehrkräfte und Eltern

In einem zweiten Schritt wurde eine Reihe von Kriterien mit unterschiedlichen Ausprägungen zur Klassifizierung der Formate und Methoden entwickelt:

- Ziel: informieren – beraten – entwickeln
- Ort: in Schule – extern
- Veranstaltungsfrequenz: Einzelveranstaltungen – kleine Serie – kontinuierlich
- Ansprache: individuell – über Klasse – über Jahrgang – über Schule
- Gruppengröße: einzeln – Kleingruppe – Seminargruppe – Klasse – Jahrgang
- Partizipationsgrad der Eltern: niedrig – mittel – hoch
- Ressourceneinsatz: gering – mittel – hoch

Im dritten Schritt wurde eine Arbeitsgruppe aus Expertinnen und Experten im Feld der Berufsorientierung[9] gebildet, um besonders geeignete und ansprechende Methoden zu identifizieren und zu entwickeln. Der Arbeitsprozess der Gruppe besteht aus zwei Treffen und individueller Arbeit an den Methodenbeschreibungen. Die oben beschriebenen Vorarbeiten wurden vorgestellt und gemeinsam diskutiert.

> In der Arbeitsgruppe wurden zu den oben genannten zwei weitere Formate ergänzt:
> - Regionale bzw. lokale Elternakademie – eine größere Veranstaltung, die mehrere Workshops, Vorträge, Gesprächskreise integriert
> - Strukturelle Arbeit mit Schulen, Bildungsträgern, Eltern und Verwaltungen in regionalen Netzwerken, um so die Voraussetzungen gelingender Elternbeteiligung zu verbessern

Auch zwei Klassifizierungen wurden den oben genannten hinzugefügt:
- Zugang: niedrigschwellig – hochschwellig
- Kommunikationsmedium der Ansprache: schriftlich – telefonisch – Mails – Internet

Der vierte Schritt bestand darin, mit der Runde der Expertinnen und Experten eine kleinere Anzahl von Formaten auszuwählen, zu denen jeweils eine Methode entwickelt bzw. beschrieben wird. Die Wahl fiel auf die folgenden Formate:

- Aufsuchende Elternarbeit
- Informationsmaterialien
- Sprechstunden, Beratung
- Informationsveranstaltung
- Informationsabend, Vortrag
- Seminar, Workshop, Gesprächskreis
- Vorstellung der Berufe von Eltern an der Schule

Im fünften Schritt erfolgte die Einigung auf eine bei der Methodenbeschreibung anzuwendende einheitliche Struktur. Diese sieht die Darstellung der Aufgaben anhand der Phasen Vorbereitung, Durchführung und Nachbereitung und der für die Aufgabenbewältigung verantwortlichen Personen vor. Sie wurde bereits zur Beschreibung von Methoden im Berufsorientierungsrahmen entwickelt und erfolgreich angewandt. Der Kreis der Expertinnen und Experten ergänzte die Struktur um die Angabe der für die Umsetzung notwendigen sächlichen Ressourcen. Das Ergebnis war folgendes Darstellungsschema:

Abbildung 2: Struktur der Methodenbeschreibung					
Bezeichnung der Methode					
Was ist die Methode? Was macht diese aus?					
Wozu wird die Methode eingesetzt? Welchen Zielen dient sie?					
Welche sächlichen Ressourcen sind dafür notwendig?					
Aus welchen Arbeitsschritten setzt sich die Methode zusammen? Wem obliegt die Verantwortung?					
Vorbereitung		Durchführung		Nachbereitung	
Was?	Wer?	Was?	Wer?	Was?	Wer?

Zusätzlich wird voraussichtlich ein kleiner Textkasten mit den oben genannten Klassifizierungen aufgenommen, die die Methoden auf knappe, schnell erkennbare Weise charakterisieren. Im Folgenden ist beispielhaft eine Methode wiedergegeben.

Informationsabend zur Vorbereitung des Betriebspraktikums in Klasse 9

Was ist die Methode? Was macht diese aus?

Informationsabend zur Vorbereitung des Betriebspraktikums für die Eltern der Schüler/innen in den 9. Klassen, der durch Inputs von Ausbilder/innen bzw. Ansprechpartner/innen aus Praktikumsbetrieben anschaulich wird und – bei Durchführung in Jahrgangsstärke – in einer Arbeitsgruppe/Klassenphase Gelegenheit zu Fragen und Antworten gibt. Der Informationsabend kann in Jahrgangs- oder Klassenstärke umgesetzt werden.

Charakteristika
Ziel: informieren
Aufwand: mittel bis hoch
Partizipation der Eltern: mittel
Ansprache: Einladungsschreiben
Ort: Schule
Gruppengröße: Klasse/Jahrgang
Veranstaltungsfrequenz: Einzelveranstaltung

Wozu kann diese Methode eingesetzt werden? Wozu kann sie dienen?

- Transparenz bezüglich Inhalten und Rahmenbedingungen des Praktikums (Auswahl der Praktikumsbetriebe, Dauer, Tagesablauf, Versicherung etc.) herstellen
- Information über Praktikumsinhalte und -bedingungen in unterschiedlichen Branchen vermitteln
- Transparenz bezüglich der Vor- und Nachbereitung des Betriebspraktikums in der Schule herstellen
- Beiträge der Eltern zum Berufspraktikum ihrer Kinder klären: Wie kann ich mein Kind am besten unterstützen?
- Ggf. Eltern für die Bereitstellung von Praktikumsplätzen bzw. die Ansprache von Betrieben gewinnen

- Für die Betriebe: Kontakt zu interessierten Eltern herstellen; ggf. vertiefte Kooperation mit Schulen

Welche sächlichen Ressourcen sind dafür notwendig?

- Als Klassenformat: 1 Klassenraum, 1 PC mit Beamer *oder* 1 großes Plakat, 1 Tafel *oder* 1 Plakat, Moderationsmaterialien
- Als Jahrgangsformat (bei 4 Klassen): 1 Saal/Aula, 1 PC mit Beamer *oder* 1 großes Plakat, 4 Klassenräume, 4 Tafeln *oder* 4 Plakate, Moderationsmaterialien

Aus welchen Arbeitsabläufen/-schritten setzt sich die Methode in der Vor- und Nachbereitung sowie Durchführung zusammen? Wem obliegt jeweils die Verantwortung?

Vorbereitung	
Was?	Wer?
Vorbereitung in der Schule Ziel- und Aufgabenklärung: • Klärung des Formats (Jahrgangs- oder Klassenveranstaltung), der Ziele (s. o.) und des Ablaufs • Aufgabenverteilung in Vor- und Nachbereitung sowie Durchführung Bei Ansprache von Praktikumsbetrieben: Auswahl der Branchen und Betriebe, Festlegung eines/einer Ansprechpartner/in	Lehrkräfte
Vorbereitung mit den Betrieben • Benennung Ansprechpartner/innen Betriebe für die Schule • Kontaktieren der/des betrieblichen Ansprechpartner/in • Darstellung des Ablaufs, Aufgabenklärung für Betrieb (insbesondere Branchenspezifisch) und Festlegung der Aufgabenverteilung (z. B. Kurzdarstellung ihres Praktikumsangebots und Beantwortung von Elternfragen) • Vereinbarung der benötigten Ressourcen **Optimal:** Mitwirkung von Berufsberatung organisieren	Ansprechpartner/in Betrieb Lehrkräfte

Vorbereitung	
Was?	**Wer?**
Rahmenbedingungen des Schülerpraktikums und Empfehlungen an die Eltern als visuelle Präsentation vorbereiten (z. B. Power Point, Tafel oder Plakat)	Lehrkräfte
Empfehlungen zur Rolle (Aufgaben, Unterstützungsmöglichkeiten für die Kinder) der Eltern bei der Unterstützung ihrer Kinder bei der Praktikumsplatzsuche und -wahl sowie während des Praktikums als Präsentation vorbereiten	Lehrkräfte
Versand Einladung an Eltern mit Rückmeldetermin Benennung der Zielstellung des Abends Angabe des Ortes, Dauer, beteiligte Partner etc. Evtl. Erinnerung (postalisch, elektronisch, telefonisch)	Schule (abhängig von Veranstaltungsgröße)
Vorbereitung des Raumes bzw. der Räume (Sitzordnung, Bestuhlung); Beschilderung; Bewirtung	Lehrkräfte

Durchführung	
Was?	**Wer?**
Begrüßung, Vorstellung des Ablaufs und aller Mitwirkenden Einbettung des Praktikums in den Berufsorientierungsprozess an der Schule Präsentation der Rahmenbedingungen der Praktika Evtl. Verabredung eines Auswertungsabends zu den Betriebspraktika	Lehrkräfte
Im Plenum oder an Stationen: Präsentation der Praktikumsbetriebe, der Inhalte, ggf. Branchenspezifik und der Tagesabläufe bei den Praktika Eltern fragen – Praktikumsbetriebe antworten	Ausbilder/innen bzw. Ansprechpartner/innen aus Betrieben
Vorstellung von Aspekten der Rolle von Eltern in Bezug auf das Berufspraktikum mit moderierter Verständigung (bei Jahrgangsveranstaltung in mehreren Untergruppen/Klassen)	Lehrkräfte
Optimal: Eruierung geeigneter Praktikumsplätze bzw. Praktikabetriebe im persönlichen Umfeld der Eltern	Lehrkräfte

Nachbereitung	
Was?	**Wer?**
Nachbereitung mit den Betrieben (ggf. telefonisch) • Reflektieren der Erreichung der Zielstellung • Reflektieren des organisatorischen Ablaufs (z. B. Optimierungspotenzial) • Ggf. Initiieren einer Vertiefung der Kooperation (z. B. Praktikum, weitere Formen der Kooperation)	Lehrkräfte Ansprechpartner/in Betrieb
Nachbereitung in der Schule • Reflektieren der Erreichung der Zielstellung (erreichte Anzahl Eltern, akquirierte neue Praktikumsplätze) • Reflektieren des organisatorischen Ablaufs (z. B. Optimierungspotenzial Einladungsmanagement)	Lehrkräfte
Ggf. Kontaktieren von Ansprechpartner/innen in von den Eltern neu gemeldeten Betrieben bzw. weiterer Kontakt zu Eltern, die selbst Praktikaplätze anbieten	Lehrkräfte
Optimal: Auswertungsabend mit den Eltern nach dem Praktikum, Information zu Anschlussmöglichkeiten nach der Schule	Lehrkräfte
Dokumentation	
Ergebnisprotokoll, Fotos, Kontaktdaten etc.	

Die beteiligten Expertinnen und Experten vereinbarten, bis zum nächsten Zusammentreffen des Kreises jeweils eine spezifische Methode zu einem dieser sieben Formate mithilfe des Darstellungsschemas zu erarbeiten. Nach einer gemeinsamen redaktionellen Überarbeitung ist geplant, diese Methodensammlung Ende 2011 als Teil der RÜM-Transferbroschüre zur Berufsorientierung zu veröffentlichen.

1   Nix, Thomas 2009, S. 1

2   Senatsverwaltung für Bildung, Wissenschaft und Forschung 2010, S. 31

3   Senatsverwaltung für Bildung, Wissenschaft und Forschung u. a. o. J., S. 2

4   Mitgewirkt haben Vertreterinnen und Vertreter des Arbeitskreises Neue Erziehung e. V., des Beruflichen Qualifizierungsnetzwerks für Migrantinnen und Migranten in Berlin e. V. und des Jugendmigrationsdienstes des Caritasverbandes für das Erzbistum Berlin e. V.

5   Vgl. Thimm, Karlheinz, Bothe, Marius 2010

6   Ebd., S. 30

7   Ebd., S. 31

8   Als *Format* wird hier eine allgemeine Form der Elternarbeit bezeichnet, wie etwa ein Elternabend oder ein von einem Elternteil angeboter Betriebsbesuch. Unter *Methode* soll dagegen die spezifische Art und Weise der Umsetzung eines Formats verstanden werden, also welche Ziele werden mit dem Elternabend genau verfolgt, wie ist er aufgebaut und organisiert, worauf ist in Vorbereitung, Durchführung und Nachbereitung genau zu achten etc.

9   Für die Mitarbeit gewonnen wurden im Einzelnen: je eine Vertreterin bzw. ein Vertreter des Lokalen Beruflichen Orientierungszentrums Alte Feuerwache e. V., des Beruflichen Qualifizierungsnetzwerks für Migrantinnen und Migranten Berlin e. V., des Arbeit und Leben e. V., des Bezirksamtes Pankow, des Jugendmigrationsdienstes des Caritasverbandes für das Erzbistum Berlin e. V., der Hagenbeck-Schule Berlin-Weißensee sowie der SPI Consult GmbH.

Literatur

Arbeit und Leben e. V., LAG Berlin (o. J.): Elterninformationsbriefe. Berlin

Beratungs- und Koordinierungsstelle zur beruflichen Qualifizierung von jungen Migrantinnen und Migranten (2009): Handbuch für die interkulturelle Elternarbeit. Hamburg

Bertelsmann-Stiftung (Hg.) (o. J.): Anschub.de. Modul 1. Begegnungen der anderen Art. Eltern und Lehrer/innen auf Entdeckungstour. Gütersloh. http://www.bertelsmann-stiftung.de/cps/rde/xbcr/SID-BCE1748C-5BE-9DA21/bst/Eltern_Prima_Klima_Modul_1.pdf

Berufswahlorientierung: Elternarbeit – Konzept einer Seminarreihe (o. J.) http://www.bildung.koeln.de/materialbibliothek/download/berufswahl_elternarbeit.pdf?idx=0ff064020399a08e6268b50335db1d19

BQN Berlin – Berufliches Qualifizierungsnetzwerk für Migrantinnen und Migranten in Berlin (2009): Interkulturelle Elternarbeit zur Sicherung von Erfolg im Übergang Schule – Beruf. Berlin

Bundesarbeitsgemeinschaft Evangelische Jugendsozialarbeit (Hg.) (2009): Starke Eltern – starke Jugend! Praxisleitfaden Ausbildungsorientierte Elternarbeit im Jugendmigrationsdienst. Stuttgart

Caritasverband für das Erzbistum Berlin e.V. (2007): Ausbildungsorientierte Elternarbeit. Bildung in Berlin. Teil I und II

Evangelische Erwachsenenbildung Niedersachsen/Katholische Erwachsenenbildung im Lande Niedersachsen e.V. (2010): Erziehungs- und Bildungspartnerschaft. Der ungehobene Schatz für Kindertageseinrichtungen, Schulen und Eltern. Hannover

Hauptstelle der Regionalen Arbeitsstellen zur Förderung von Kindern und Jugendlichen aus Zuwandererfamilien in NRW (o.J.): Zusammenarbeit mit zugewanderten Eltern – Mythos oder Realität? Materialband für Beraterinnen und Berater im Arbeitsfeld Übergang Schule/Beruf. Essen

Hessisches Kultusministerium u.a. (Hg.) (2009): Gemeinsam Verantwortung übernehmen – Eltern gestalten kulturelle Vielfalt in der Schule. Tagungsmappe. Wiesbaden u.a.

Jansen-Schulz, Bettina (2005): Genderorientierte Elternarbeit am Beispiel der Berufsorientierung und Lebensplanung. http://www.gender-in-bildung.de/Texte/PDFs/Jansen-Schulz-%20Eltern%20und%20Berufsorientierung.pdf

Koordinierungsstelle Regionales Übergangsmanagement Leipzig (2010): Eltern und Berufsorientierung. Ergebnisbericht einer Erhebung zur Nutzung und Einschätzung von Informations- und Beratungsangeboten. Leipzig

Marylandschule Karlsruhe (o.J.): Projekt Elternarbeit in der Berufsorientierung. Eltern wissen wo's lang geht. http://www.equal-start.de/deutsch/media/Dokumente/projektschulen/download_marylandschule.pdf

Nix, Thomas (2009): Duales Lernen in der Integrierten Sekundarschule. Berlin. http://www.berlin.de/imperia/md/content/sen-bildung/bildungspolitik/schulreform/duales_lernen_handreichung.pdf?start&ts=1257254763&file=duales_lernen_handreichung.pdf

Puhlmann, Angelika (2005): Die Rolle der Eltern bei der Berufswahl ihrer Kinder. Bonn. http://www.bibb.de/dokumente/pdf/a24_puhlmann_ElternBerufswahl.pdf

Sacher, Werner (2008): Elternarbeit. Gestaltungsmöglichkeiten und Grundlagen für alle Schularten. Bad Heilbrunn

Senatsverwaltung für Bildung, Wissenschaft und Forschung (2010): Bildung für Berlin: Schulgesetz für Berlin. Schulgesetz für Berlin in der Fassung vom 28. Juni 2010

Senatsverwaltung für Bildung, Wissenschaft und Forschung u. a. (o. J.): Duales Lernen – Ausbildungsfähigkeit stärken – Partnerschaft für eine praxisorientierte Berufs- und Studienorientierung von und mit Jugendlichen. Berlin. http://www.duales-lernen.de/images/stories/downloads/partner_loi.pdf

Stadt Essen (Hg.) (2002): Elternarbeit. Elternbildung mit türkischen Eltern in den Klassen des SCHUBILE-Projektes. Essen

Thimm, Karlheinz, Bothe, Marius (2010): Expertise. Elternarbeit als notwendige Ressource zur Sicherung eines gelingenden Übergangs von der Schule in den Beruf. Berlin. http://www.ruem-berlin.de/fileadmin/user_upload/Download/100401_Expertise_Elternarbeit_Kurzfassung.pdf

Yildiz, Ekrem (2010): Zusammenarbeit mit Eltern mit Migrationshintergrund. Vortrag. http://www.landkreis-osnabrueck.de/pics/download/1_1289473803/Yildiz_Interkulturelle-Elternarbeit_09112010.pdf

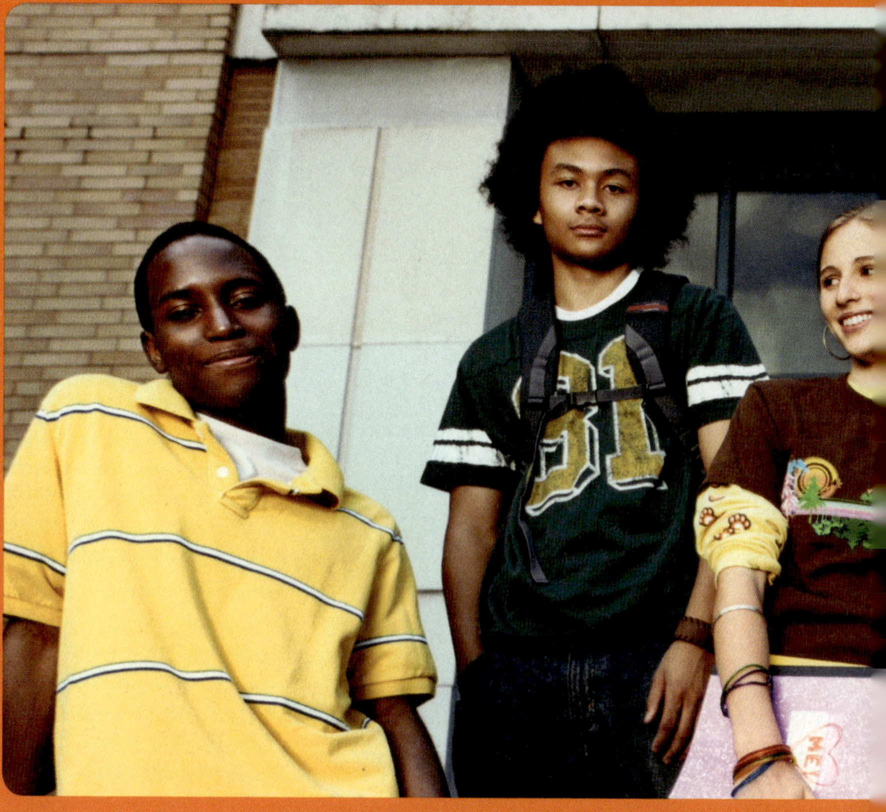

Kapitel 10

Informationsschriften für Eltern mit Migrationshintergrund – Ein Erfahrungsbericht aus Nürnberg

10 Informationsschriften für Eltern mit Migrationshintergrund – Ein Erfahrungsbericht aus Nürnberg

Brigitte Fischer-Brühl

Schriftliches Informations- oder Aufklärungsmaterial in verschiedenen Herkunftssprachen ist in der Integrationsarbeit seit Langem üblich. Begonnen hat es in Nürnberg vor mehr als vierzig Jahren mit der Ausgabe hektografierter Blätter in den Herkunftssprachen der „Gastarbeiter" mit Hinweisen zur Beantragung der Aufenthalts- und Arbeitserlaubnis. Diese wurden jedem Antragsteller und jeder Antragstellerin am Schalter des Ausländeramtes übergeben, damit die entsprechenden Formblätter korrekt ausgefüllt werden konnten. Dazu kamen später Informationen des Gesundheitsamtes zu den ausländerrechtlich vorgeschriebenen Gesundheitsuntersuchungen. Vor allem aber bemühte sich der damalige Ausländerbeirat immer wieder um die Herausgabe muttersprachlicher Informationen zu rechtlichen Fragen wie z. B. den Möglichkeiten der Aufenthaltsverfestigung oder zum Kindergeld und später auch über die Bedeutung des Kindergartenbesuchs für den Schulerfolg.

Anfänglich wurden die Übersetzungen von der Verwaltung an Übersetzungsbüros vergeben. Die Ergebnisse wurden jedoch häufig vom Ausländerbeirat als unverständlich kritisiert. Als das Amt für Kultur und Freizeit Ende der 70er-Jahre federführend die kommunale Integrationsarbeit (damals noch „Ausländerarbeit") übernahm, begann ein Umdenken hin zu einer zielgruppenspezifischen Art der Ansprache in den Muttersprachen der in Nürnberg lebenden Ausländerinnen und Ausländer.

> Daneben mussten auch Strategien entwickelt werden, wie eine Information die Zielgruppe erreichen kann, da die meisten der neu entwickelten Materialien nicht mehr für eine „Antragssituation" gedacht waren, in der eine asymmetrische Face-to-Face-Kommunikation zur Erreichung eines Zieles stattfindet. Vielmehr müssen heute diese Informationen außerhalb einer solchen Kommunikations-

struktur vermittelt werden, denn sie werben in erster Linie für Angebote, die ausschließlich freiwillig angenommen werden können.

1. Von der Fachsprache zur Alltagssprache

Bei der Erarbeitung der „Elternpower – Begleitbriefe zur Berufswahl" und der „Wegweiser – Informationen zum Übergang Schule – Beruf" des Regionalen Übergangsmanagements Nürnberg konnte auf die vorhandenen Erfahrungen sowie auf ein Netz von erfahrenen Übersetzern und Übersetzerinnen zurückgegriffen werden. Dabei gehen wir heute davon aus, dass ein großer Teil der Einwanderer und Einwanderinnen ausreichende Deutschkenntnisse hat, um auf deutschsprachige Veröffentlichungen zurückgreifen zu können. Wenn wir also Informationen in verschiedenen Sprachen herausgeben, so wenden wir uns damit an die Menschen, die entweder noch nicht lange in Deutschland leben, deren Deutschkenntnisse nicht ausreichen, um komplexe Sachverhalte in deutscher Sprache zu verstehen, aber auch an diejenigen, die in ihrer Muttersprache nicht gut lesen können.

> http://www.uebergangsmanagement.nuernberg.de/material/elternbriefe
> Unter dieser Adresse können die Unterlagen auch in Englisch, Russisch, Griechisch, Türkisch und Italienisch eingesehen werden.
>
> Bevor wir zu einer muttersprachlichen Informationsschrift kommen, entsteht zuerst eine deutsche Variante, die mehrere Stadien durchläuft. Der Ausgangspunkt ist immer eine Liste von wichtigen Fachbegriffen als erstes Gerüst. Es wird also gefragt: Worüber ist die Zielgruppe aus unserer Sicht nicht oder nicht ausreichend informiert? Was möchten wir vermitteln? Diese Liste entsteht zuerst „am grünen Tisch" und wird dann mit Kollegen, die mit unserer Zielgruppe arbeiten, diskutiert, erweitert oder reduziert.

Die Begriffe auf dieser Liste werden dann, in der Regel von Kolleginnen und Kollegen aus den zuständigen Fachbereichen, definiert. Aus diesen „trockenen" Definitionen entsteht dann eine erste Textfassung in einer möglichst wenig komplexen Schriftsprache. Wir verwenden, aufbauend auf den vorliegenden Erfahrungen, von vornherein unterschiedliche Textarten. Wichtig ist uns die persönliche Ansprache der Leserinnen und Leser, sodass ein Teil der Informationen in einem Frage-Antwort-Spiel umgangssprachlich in direkter Rede vermittelt wird. Daneben stehen Grafiken, Textfelder und Listen. Diese Textfassung wird von fachlich kompetenten Kolleginnen und Kollegen auf die sachliche Richtigkeit überprüft. Nach mehreren Korrekturdurchläufen ist dann eine Textfassung entstanden, die bei Bedarf auch für eine deutschsprachige Veröffentlichung benutzt werden kann.

2. Die Übertragung in andere Muttersprachen

Für die Übersetzungen wird daraus ein Ausgangstext erstellt, der Folgendes berücksichtigt: nochmalige Reduktion der Satzkomplexität, bei den dialogischen Texten die Verwendung von Namen aus der jeweiligen Muttersprache, bei Bedarf zielgruppenspezifische Ergänzungen.

Wir arbeiten mit Übersetzern und Übersetzerinnen zusammen, die Erfahrungen haben in der Herstellung von Texten für ein eher leseungewohntes Publikum. Sie haben bereits an vergleichbaren Projekten mitgearbeitet (z. B. bei der Übersetzung von Informationen für Eltern von Kleinkindern oder für Seniorinnen und Senioren). Bei ihrer Arbeit handelt es sich um die Übertragung des Ausgangstextes in eine schriftliche Sprachvariante, die nah an der Umgangssprache der Zielgruppe liegt. Dabei müssen häufig Umschreibungen entwickelt werden für Begriffe, die es in den Herkunftssprachen nicht gibt. In diesen Fällen wird dann die deutsche Bezeichnung in Klammern eingefügt.

Exkurs

Zu großem Gelächter führte vor Jahren der erste Versuch, „Essen auf Rädern" ins Türkische zu übersetzen. Als der Übersetzer die entsprechende Textpassage seiner Übersetzungsversion in der türkischen

> Seniorengruppe der Arbeiterwohlfahrt probehalber vorlas, erntete er außer Lachen allerdings auch völliges Unverständnis. Keines der anwesenden Gruppenmitglieder konnte sich etwas darunter vorstellen. Der Text über diese Dienstleistung wurde daher deutlich länger als geplant und erklärt nun bereits in der Überschrift, worum es geht. Der deutsche Begriff wird jedoch eingeführt, sodass seitdem türkische Seniorinnen und Senioren in Nürnberg wissen, was sich hinter dem geheimnisvollen „Essen auf Rädern" verbirgt.

Oft ist es für die Verständlichkeit der Aussage auch erforderlich, ein Beispiel einzufügen. Insofern sind nicht nur die einzelnen Ausgangstexte unterschiedlich, sondern das Endprodukt kann sich auch mehr oder weniger stark von der Ausgangsversion unterscheiden. Aus diesem Grund sehen wir seit vielen Jahren von zweisprachigen Veröffentlichungen ab, da diese bei Lesern mit Deutschkenntnissen häufig zu Verunsicherungen führten.

> Die Übersetzerinnen und Übersetzer übernehmen es für uns, ihren Text im Praxistest zu überprüfen, indem sie ihn von Muttersprachlern lesen lassen, die fachfremd sind. Danach müssen häufig noch Veränderungen vorgenommen werden. So zeigt sich manchmal, dass auch bei Menschen mit nur geringen Deutschkenntnissen ein Begriff in der Muttersprache nicht oder nicht mehr bekannt ist, sondern nur das deutsche Wort. Das trifft insbesondere auf verwaltungstechnische und rechtliche Begriffe zu. In diesen Fällen wird zwar im laufenden Text das muttersprachliche Wort benutzt, in Klammern jedoch das deutsche eingefügt.

Eine solche Übertragungsarbeit erfordert einen engen Kontakt zwischen der Auftraggeberin bzw. dem Auftraggeber und den Übersetzerinnen und Übersetzern. Obwohl diese in der Regel auch Kenntnisse über das jeweilige Fachgebiet haben, sind doch häufig tiefer gehende Klärungen und Diskussionen erforderlich, um zu einem zielgruppengerechten Produkt zu kommen.

3. Wie kommt die Information zu den Eltern?

Bereits bei der Festlegung der Druckauflage sind Überlegungen erforderlich, auf welchen Wegen die Information die Zielgruppe erreicht. Informationsbroschüren einfach irgendwo auszulegen ist erfahrungsgemäß nicht erfolgreich. Einzige Ausnahme ist in Nürnberg die Stadtbibliothek, die sowohl in ihrer Zentrale als auch in den Stadtteilen Buch- und Zeitungsbestände in den Sprachen der Einwanderer anbietet, die sehr stark frequentiert werden. Informationsblätter, -hefte und -broschüren zum Mitnehmen werden in die jeweiligen Sprachregale gelegt und erfreuen sich dort eines regen Zuspruchs. Diese Möglichkeit nutzen wir auch für unsere Elterninformationen.

> **!** Prinzipiell ist jedoch vorgesehen, die schriftlichen Informationen über Mittelspersonen weiterzureichen, die das Vertrauen der Eltern haben, oder sie bei Veranstaltungen zum Thema den Eltern mitzugeben. Die ideale, aber nicht immer realisierbare Lösung sehen wir darin, Eltern das Material während eines Beratungsgesprächs auszuhändigen. Dies wird zwar von uns als die effektivste Form eingeschätzt, erreicht selbstverständlich aber nur eine kleine Gruppe. Trotzdem kalkulieren wir diese Situationen ein, indem wir allen Stellen unsere Informationen anbieten, die von Eltern und ihren Kindern im entsprechenden Alter besucht werden.

Darüber hinaus geht das Angebot an Mitarbeiterinnen und Mitarbeiter der Jugendsozialarbeit an Schulen, der offenen Jugendarbeit, der Jugendberufshilfe, der Jugendmigrationsdienste, der Berufsberatung der Arbeitsagentur, der Koordinierungsstelle SCHLAU, des Projekts Quapo sowie an die persönlichen Ansprechpartner und -partnerinnen der JobCenter im U25-Bereich und die Hauptschulleitungen, die dann eine entsprechende Anzahl bei uns ordern. Wenn möglich stellt eine RÜM-Mitarbeiterin oder ein RÜM-Mitarbeiter die Broschüren in einschlägigen Arbeitskreisen oder Dienstbesprechungen persönlich vor.

Selbstverständlich gehen wir mit den Materialien auch zu großen Veranstaltungen, wie der Berufsmesse, den Berufsbasaren, Informationsveranstaltungen des türkischen Generalkonsulats oder von Elternvereinen der Einwanderinnen und Einwanderer. Wir verbinden die Weitergabe, wann immer es möglich ist, mit einem Gespräch mit den Eltern über die wichtige Funktion, die sie im Berufswahlprozess ihrer Kinder haben.

Über das Inter-Kultur-Büro des Amtes für Kultur und Freizeit steht uns außerdem die Adressdatenbank aller Migrantenselbstorganisationen in Nürnberg zur Verfügung, und wir können die türkisch- und russischsprachigen Programmzeitungen „Kültür" und „Kultura" dieser Dienststelle nutzen. Das Regionale Übergangsmanagement Nürnberg konnte dort jeweils einen Artikel über die Projekt-Datenbank und die Broschüren veröffentlichen. Die gute Zusammenarbeit mit dem Inter-Kultur-Büro ermöglichte auch die Vorstellung des Regionalen Übergangsmanagements und der Informationsbroschüren im Rahmen der Veranstaltungsreihe „Migrantenvereine und Stadtverwaltung im Gespräch".

4. Fazit

Die Erarbeitung von Informationsmaterial in den Muttersprachen der Einwanderinnen und Einwanderer erfordert deutlich mehr Arbeit als die für deutsche Adressaten. Nicht sinnvoll ist eine „einfache" Übersetzung in andere Sprachen, ohne eventuelle Informationslücken bei der Zielgruppe einzukalkulieren, die für die Mehrheitsbevölkerung nicht angenommen werden müssen. Auch Eltern der zweiten Generation haben oft nur geringe Kenntnisse über die gesellschaftlichen Felder, in denen sie sich selbst **nicht** bewegen.

> Vor der Erarbeitung von Informationsmaterialien muss immer geklärt sein, ob es überhaupt Zugangswege zur Zielgruppe gibt. Im besten Fall läuft die Verteilung über Vertrauenspersonen, die die Publikationen persönlich weitergeben können. Darüber hinaus muss man die Wege kennen, über die Menschen mit Migrationshintergrund sich Informationen beschaffen. Dafür ist eine gute Zusammenarbeit mit den Netzwerken der Migrantenselbstorganisationen und der Kolleginnen und Kollegen in der Integrationsarbeit unerlässlich.

Autorinnen und Autoren

Prof. Dr. phil. Dr. phil. habil. Werner Sacher
Von-Tucher-Straße 3 | 92353 Postbauer-Heng
Tel.: + 49 (0) 9188 305221
werner.sacher@t-online.de
www.sacher-werner.de

Lehramtsstudium; mehrjähriger Schuldienst in Unter- und Mittelfranken; begleitend Zweitstudium und Promotion; wissenschaftlicher Assistent an der Universität Würzburg; wissenschaftlicher Mitarbeiter am Staatsinstitut für Schulpädagogik in München; Dozent an der Universität Bamberg; Habilitation Professur für Schulpädagogik und Medienpädagogik an der Universität Augsburg; danach Inhaber des Lehrstuhls für Schulpädagogik an der Universität Erlangen-Nürnberg; seit 2008 emeritiert; Forschung und Publikationen über Schul- und Bildungsgeschichte, Medienpädagogik, Allgemeine Didaktik, Pädagogische Diagnostik und Elternarbeit

Publikationenauswahl
Werner Sacher (2006): Elternhaus und Schule: Bedingungsfaktoren ihres Verhältnisses, aufgezeigt an der bayerischen Studie vom Sommer 2004. In: Bildung und Erziehung 59, H. 3/Sept. 2006, S. 302–322

Werner Sacher (2007): Elternarbeit – vergeblicher Aufwand oder sinnvolle Investition? Zum Stand der internationalen Forschung. In: Schulleitung heute 14/2007, S. 6–8

Werner Sacher (2008): Elternarbeit. Gestaltungsmöglichkeiten und Grundlagen für alle Schularten. Bad Heilbrunn

Werner Sacher (2009): Elternarbeit – Partnerschaft zwischen Schule und Familie. In: Werner Sacher (Hrsg.; zusammen mit Sigrid Blömeke, Thorsten Bohl, Ludwig Haag und Gregor Lang-Wojtasik): Handbuch Schule. Theorie – Organisation – Entwicklung. Bad Heilbrunn 2009, S. 519–526

Werner Sacher (2010): Elternarbeit ohne Qualitätsbewusstsein?
In: SchulVerwaltung. Zeitschrift für Schulleitung und Schulaufsicht,
Ausgabe Nordrhein-Westfalen, 21. Jg., 6/2010, S. 178–180

Werner Sacher (2011): Erfolgreiche Elternarbeit – Grundlagen, Ziele
und Handlungsvorschläge. In: Honal, Werner H.; Graf, Doris; Knoll,
Franz (Hrsg.): Handbuch der Schulberatung 05/2011, 4.1.2. München:
Olzog-Verlag

„Regionales Koordinationssystem U25 mit Bildungsmonitoring und
kooperativem Berufswahlunterricht. Modellhafte Umsetzung eines
strategischen Konzeptes zur strukturellen Verbesserung der Kooperation der regionalen Akteure im Bereich Übergang Schule – Beruf."
Abteilung Schule, Bildungsberatung und Sport, Kreis Gütersloh
Dr. Sabine Kaiser
Herzebrocker Straße 140 | 33334 Gütersloh
www5.kreis-guetersloh.de/130/sr_seiten/artikel/
112180100000012375.php

Diplom-Pädagogin, Promotion zur Identitätsentwicklung im Jugendalter, wissenschaftliche Mitarbeiterin an den erziehungswissen-
schaftlichen Fakultäten der Leibniz Universität Hannover und der
Universität Bielefeld, Mitarbeiterin in berufsvorbereitenden Projekten
und Kompetenzfeststellungsverfahren von Schülerinnen und Schülern der Sek. I, Mitarbeiterin im Bildungsbüro des Kreises Gütersloh
im Programm Perspektive Berufsabschluss

Eigenbetrieb „Kultur und Bildung" der Stadt Hoyerswerda
Regionales Übergangsmanagement
Ines Lieske
Lausitzer Platz 4 | 02977 Hoyerswerda
Tel.: + 49 (0) 3571 601009
lieske@eigenbetrieb-hy.de
www.bildungslandschaft-hoyerswerda.de

Diplom-Soziologin, Lehrtätigkeit, mehrjährige Projektmitarbeiterin
des Regionalen Übergangsmanagements in Hoyerswerda

Lieske, Ines; Pötzschke, Ronny; Seiffert, Manja; Zimmermann, Zoé (2009): Der Übergang Schule – Beruf. In: Eigenbetrieb „Kultur und Bildung" der Stadt Hoyerswerda (Hrsg.), Bildungslandschaft Hoyerswerda Bericht 2009, Hoyerswerda

RAA Hoyerswerda/Ostsachsen e.V.
Manja Seiffert
Projektmitarbeiterin des Regionalen Übergangsmanagements
Straße am Lessinghaus 7
02977 Hoyerswerda
Tel.: + 49 (0) 3571 416072
seiffert@raa-hoyerswerda.com
www.bildungslandschaft-hoyerswerda.de

Diplom-Sozialpädagogin, Baccalaurea der Wirtschaftswissenschaft, Mitarbeiterin im begleitenden Dienst in einer Werkstatt für behinderte Menschen und im Bereich ausbildungsbegleitende Maßnahmen, Projektmitarbeiterin des Regionalen Übergangsmanagements in Hoyerswerda

Lieske, Ines; Pötzschke, Ronny; Seiffert, Manja; Zimmermann, Zoé (2009): Der Übergang Schule – Beruf. In: Eigenbetrieb „Kultur und Bildung" der Stadt Hoyerswerda (Hrsg.), Bildungslandschaft Hoyerswerda Bericht 2009, Hoyerswerda

Regionales Übergangsmanagement Schule – Beruf
Stadtverwaltung Fürstenwalde/Spree
Stabsstelle Wirtschaftsförderung
Heidrun Wolle
Fachkoordinatorin Übergangsmanagement Schule – Beruf
Am Markt 4 | 15517 Fürstenwalde/Spree
www.fuerstenwalde-spree.de/stadt/deutsch/navigationlinks/projekte/uebergangsmanagement/index.html
Tel.: + 49 (0) 3361 557178
h.wolle@fuerstenwalde-spree.de

Erzieherin und Heilpädagogin, Fortbildung: Ressourcenaktivierende Familienarbeit, Fachkoordinatorin Übergangsmanagement Schule – Beruf, Entwicklungsschwerpunkt Elternarbeit

Regionales Übergangsmanagement Leipzig c/o
Stadt Leipzig, Jugendamt, Abteilung Fachkoordination und
-beratung, Jugendhilfeplanung
Jana Voigt
Naumburger Straße 26 | 04229 Leipzig
Tel.: + 49 (0) 341 1236823
Jana.voigt@leipzig.de
www.uebergangsmanagement-leipzig.de

Hochschulabschluss im Studiengang Magister mit dem Hauptfach Pädagogik, Projektleiterin des „Regionalen Übergangsmanagements Leipzig" bei der Stadt Leipzig, davor
pädagogische Mitarbeiterin und wissenschaftliche Mitarbeiterin, Koordination von Bildungs- und Forschungsprojekten des Bundesministeriums für Bildung und Forschung (BMBF)

Bisherige wissenschaftliche Veröffentlichungen im Kontext:
Voigt, Jana (2010): Eltern und Berufsorientierung. Ergebnisbericht einer Erhebung zu Wünschen und Bedarfen an Informations- und Beratungsangebote. Herausgegeben von Koordinierungsstelle „Regionales Übergangsmanagement Leipzig". Leipzig

Fabian, Thomas; Voigt, Jana (2010): Längsschnittstudien schaffen Grundlagen für die Verbesserung von Ausbildungschancen. In: Deutsches Jugendinstitut e.V. (Hrsg.): Wissenschaft ohne Elfenbeinturm: DJI-Längsschnittstudien liefern Kommunen empirische Grundlagen für effektive Übergangssteuerung an der Schwelle Schule – Beruf. Thema 2010/01. München

Nowotnick, Anja; Voigt, Jana (2009): Leipziger Mittelschülerinnen und Mittelschüler auf dem Weg von der Schule in die Arbeitswelt. Kurzfassung des Leipziger Schulabsolventenlängsschnitts. Herausgegeben von Koordinierungsstelle „Regionales Übergangsmanagement Leipzig". Leipzig

Voigt, Jana (2009): Berufsorientierung als Einstieg in den beruflichen Aufstieg. In: Pädagogische Rundschau. 63. Jahrgang, Heft 2/2009. S. 191–202

Arbeitskreis Girls' Day Chemnitz (Hrsg.) (2008) (Autorin: Voigt, Jana): Girls' Day – Mädchen-Zukunftstag in Chemnitz. Technische Universität Chemnitz. Chemnitz

Sächsisches Staatsministerium für Kultus (Hrsg.) (2004) (Autoren: Voigt, Jana; Hahn, Wolfgang; Pietsch, Elke; Friedrich, Susann; Grüneisen, Gisela; Nöhring, Bärbel u. a.): Handreichung Gestaltung von Berufs- und Studienorientierung für Elternvertreter an Mittelschulen und Gymnasien in Sachsen. Dresden

Voigt, Jana (2004): Nachwuchsentwicklung Technik. In: Deutsches Jugendinstitut e.V. (Hrsg.): Datenbank Praximo. Modul „Gender Mainstreaming". Gute Beispiele aus der Praxis zur Gleichstellung von jungen Frauen und jungen Männern in der Jugendsozialarbeit. CD-ROM. Halle

Elternprojekt „Gemeinsam in die Zukunft. Elternarbeit im Übergang Schule – Beruf"
Im Auftrag des Regionalen Übergangsmanagement Leipzig. Modellhafte Umsetzung eines strategischen Konzeptes zur strukturellen Verbesserung der Kooperation der regionalen Akteure im Bereich Übergang Schule – Beruf.
Internationaler Bund (IB)
Verbund Sachsen/Thüringen
Einrichtung Soziale Arbeit Leipzig
Simone Baum
Teamleiterin Start Up
Schulsozialarbeit an Leipziger Schulen zur Lernförderung
Gräfestraße 23 | 04129 Leipzig
Tel.: + 49 (0) 341 9030-116
Fax: + 49 (0) 341 9030-150
Simone.Baum@internationaler-bund.de
www.internationaler-bund.de

Abschluss an der HTWK Leipzig im Studiengang Sozialwesen, Schulsozialarbeiterin an einer Schule zur Lernförderung, Ausbildung zur Elterntrainerin „Rendsburger Elterntraining" Teamleiterin des Projektes Start Up Schulsozialarbeit Leipzig

RÜM Weinheim arbeitet als *Kommunale Koordinierungsstelle für das Übergangsmanagement Schule – Beruf der Stadt Weinheim* (ÜbMa-Büro). Im Handlungsfeld Elterbeteiligung kooperiert das ÜbMa-Büro eng mit dem Bildungsbüro Weinheim/Integration Central.
Kontakt: **Dr. Susanne Felger** (Leitung), s.felger@uebma-weinheim.de und **Ulrike Süss** (Elternbeteiligung), ulrike.suess@integrationcentral.de
Weitere Informationen unter www.uebma-weinheim.de,
www.jobcentral.de
Bildungsbüro Weinheim: www.integrationcentral.de

Das Autorinnenteam Weinheim:
Ulrike Süss
Dr. Susanne Felger
Khadija Huber
Halise Yüksel
Ceylan Firat

Ulrike Süss
Erziehungswissenschaftlerin und Betriebswirtin mit Ausbildung in Systemischer Beratung, Leiterin des Bildungsbüros Weinheim, im Übergangsmanagement Schule – Beruf leitet sie die Entwicklung von Schlüsselprozess und Praxisfeld Elternbeteiligung.

Dr. Susanne Felger
Tischlerin und Erziehungswissenschaftlerin mit Schwerpunkt Berufspädagogik, Leiterin der Kommunalen Koordinierungsstelle Übergangsmanagement Schule – Beruf der Stadt Weinheim (ÜbMa-Büro). Im kommunalen Übergangsmanagement Schule – Beruf leitet sie u. a. Qualitätsentwicklungsprozesse in den Handlungsfeldern Berufsorientierung und Kooperation Schule – Wirtschaft.

Khadija Huber
Fremdsprachenkorrespondentin und Sozialpädagogin, Weiterqualifizierung als Beraterin für sprachliche Bildung und Deutsch als Zweitsprache, Mitarbeiterin im Bildungsbüro Weinheim (Koordinierungsstelle Integration Central)

Halise Yüksel
Medizinische Fachangestellte (Arzthelferin), Quereinsteigerin in den pädagogischen Bereich, Mitarbeiterin von Bildungsbüro Weinheim/ Integration Central mit langjähriger Erfahrung als „soziokulturelle Vermittlerin" und Elternbegleiterin in der Weinheimer Bildungskette

Ceylan Firat
Erziehungswissenschaftlerin, Mitarbeiterin im Bildungsbüro Weinheim

Zum Weinheimer Übergangsmanagement Schule – Beruf und dem Handlungsfeld „Elternbeteiligung" in der Weinheimer Bildungskette" liegen zahlreiche Veröffentlichungen der Autorinnen vor. Siehe: www.integrationcentral.de/Dokumente/Dokumente.aspx
sowie die Broschüre „Weinheimer Bildungskette 2010" ebda. und unter www.uebma-weinheim.de

Kreisausschuss des Landkreises Marburg-Biedenkopf
Fachbereich Familie, Jugend und Soziales, FD Jugendförderung
Regionales Übergangsmanagement Marburg-Biedenkopf
Evelyne Rößer
Bismarckstraße 16b
35037 Marburg
Tel.: + 49 (0) 6421 4051730
RoesserE@marburg-biedenkopf.de
www.ruem-marburg-biedenkopf.de

Diplom-Pädagogin mit dem Schwerpunkt Außerschulische Jugend- und Erwachsenenbildung, Europäische Ethnologie, Psychologie, Beratung, Mediation, Supervision an der Philipps-Universität Marburg, langjährige Mitarbeit im seminaristischen Bereich der Jugendförderung des Landkreises Marburg-Biedenkopf, Projektleiterin des Regionalen Übergangsmanagements Marburg-Biedenkopf, Schwerpunkte (interkulturelle) Elternarbeit am Übergang Schule – Beruf, Konzeption, Planung, Durchführung und Dokumentation einer modularen Fortbildungsreihe zum Thema berufsbezogene Elternarbeit

Rößer, Evelyne, Visser, Ute (2011): Fortbildungsreihe Berufsbezogene Elternarbeit für Lehrkräfte und Sozialarbeiter/-innen an Haupt- und Realschulen, Kreisausschuss des Landkreises Marburg-Biedenkopf, Marburg

SPI Consult GmbH
Jana Pampel (PL)
Ralph Döring
Carsten Welker
Bernburger Straße 27 | 10963 Berlin,
Tel.: + 49 (0) 30 69 00 85 33/34/37
Fax: + 49 (0) 30 69 00 85 85
j.pampel@spiconsult.de
r.doering@spiconsult.de
c.welker@spiconsult.de
www.ruem-berlin.de

Jana Pampel
Diplom-Pädagogin, Projektleiterin RÜM Berlin, zuvor als Lehrerin, Sozialpädagogin, wissenschaftliche Mitarbeiterin sowie Projektkoordinatorin und Projektleiterin im Bereich der beruflichen Bildung in Projekten auf Bundes- und Landesebene tätig.

Ralph Döring
Diplom-Politologe, Berater im Projekt RÜM Berlin, zuvor als wissenschaftlicher Mitarbeiter, Berater und Projektkoordinator bei verschiedenen sozialen Organisationen und Dienstleistern der öffentlichen Verwaltung in den Bereichen der lokalen und regionalen Ökonomie, Stadtentwicklung, Arbeitsmarkt- und Bildungspolitik, Demokratie- und Engagementpolitik sowie der europäischen Kooperation tätig.

Carsten Welker
Diplom-Politologe, M.A. European Labour Studies, Berater im Projekt RÜM Berlin, zuvor als Berater öffentlich-rechtlicher Institutionen in den Feldern Arbeitsmarkt und (Berufs-)Bildungspolitik tätig.

Bildungsbüro der Stadt Nürnberg
Brigitte Fischer-Brühl
Unschlittplatz 7a | 90403 Nürnberg
Tel.: + 49 (0) 911 231 14 14 5
brigitte.fischer-bruehl@stadt.nuernberg.de
www.uebergangsmanagement.nuernberg.de

M.A., Diplom-Sozialpädagogin (FH), wissenschaftliche Mitarbeiterin in der Förderinitiative Regionales Übergangsmanagement, davor: Geschäftsführerin des Ausländerbeirats der Stadt Nürnberg, Mitarbeiterin im InterKulturBüro des Amtes für Kultur und Freizeit der Stadt Nürnberg mit den Schwerpunkten Interkulturelle Fortbildung, Projektarbeit, Netzwerkarbeit, insbesondere Zusammenarbeit mit Migrantenselbstorganisationen, Wohlfahrtsverbänden und städtischen Dienststellen, Geschäftsführung für die verwaltungsinterne Koordinierungsgruppe Integration, Federführung bei der Erarbeitung des Integrationsprogramms der Stadt Nürnberg, fachliche Planung des qualitativen Ausbaus der Kindertageseinrichtungen beim Jugendamt der Stadt Nürnberg

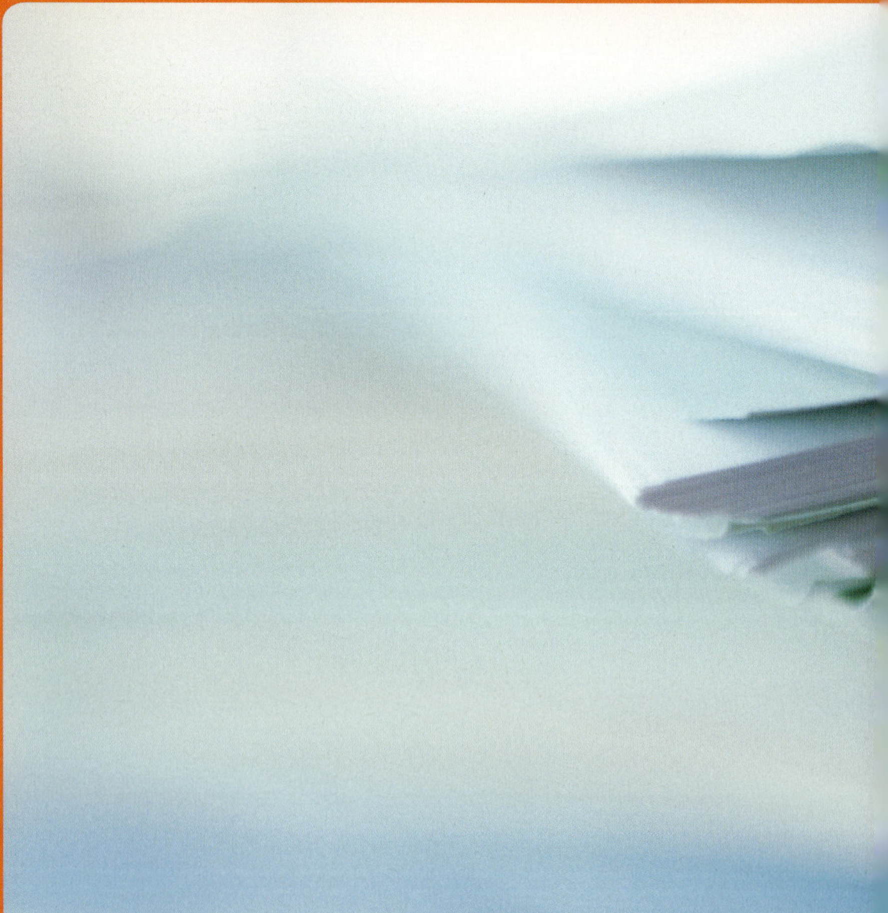

Material

Zusammenarbeit mit Eltern in der Berufsorientierung

Elternveranstaltung
Planungshilfen
Berufsorientierung
Methoden
Schule
Bewerbungen
Praxistipps
Elterninformation
Praktika
Arbeitsblätter
Internationalität

Eine Handreichung für Lehrkräfte, Schulsozialarbeiter/innen und (muttersprachliche) Schlüsselpersonen an Stuttgarter Haupt- und Werkrealschulen

STUTTGART

Wie kann man die Arbeitsblätter einsetzen?

Die folgenden Arbeitsblätter können auf Elternabenden und Elterncafés oder in anderen Elternbildungsveranstaltungen, z.B. in Schulen und Migrantenvereinen, eingesetzt werden. Sie vermitteln Ideen und Vorschläge, wie Sie Eltern auf die Berufsorientierung ihrer Kinder vorbereiten können.

Inhalt und Reihenfolge der Arbeitsblätter sind so aufgebaut, dass sie den sechs Themenbausteinen zur Einbindung der Eltern in die schulische Berufsorientierung entsprechen:

Themenbaustein 1: Vorbereitung der Eltern auf die Berufswahl ihres Kindes
Themenbaustein 2: Persönlichkeit, Interessen und Fähigkeiten
Themenbaustein 3: Berufe erkunden
Themenbaustein 4: Die Arbeitswelt erleben und verstehen
Themenbaustein 5: Berufsvorbereitung und Bewerbungen
Themenbaustein 6: Infos und Unterstützung

Die Arbeitsblätter werden ergänzt durch eine Planungshilfe für Schulen und ein Eltern-ABC Berufsorientierung. Dieses erläutert wichtige Begriffe und Abkürzungen. Seien Sie mutig, das Arbeitsmaterial flexibel zu verwenden und fügen Sie je nach Bedarf Informationen hinzu. Unser Ratschlag ist, sich dabei an den Fragen und Interessen der Eltern zu orientieren und die Inhalte gemeinsam im Dialog zu erarbeiten. Dann können Eltern die für sie wichtigen Kenntnisse und Kompetenzen erwerben und ihre Kinder auf dem Weg in die berufliche Zukunft gut begleiten.

Vorstellung von Berufen in der Praxis in Fürstenwalde/Spree

Kochen und mehr

Gärtnern und mehr

Zeig her deine Haare, zeig her dein Gesicht

Auf den richtigen Lern(weg) bringen

Berufsexkursion „Ausbildungs- und Studienmöglichkeiten am Filmstandort Babelsberg"

Besonderheit:
Teilnahme – nur Jugendliche gemeinsam mit einem Elternteil, Großelternteil oder einer wichtigen Bezugsperson

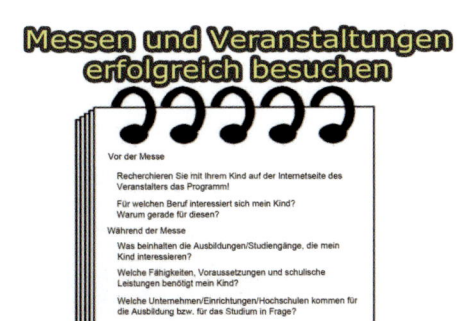

Messen und Veranstaltungen erfolgreich besuchen

Vor der Messe
- Recherchieren Sie mit Ihrem Kind auf der Internetseite des Veranstalters das Programm!
- Für welchen Beruf interessiert sich mein Kind? Warum gerade für diesen?

Während der Messe
- Was beinhalten die Ausbildungen/Studiengänge, die mein Kind interessieren?
- Welche Fähigkeiten, Voraussetzungen und schulische Leistungen benötigt mein Kind?
- Welche Unternehmen/Einrichtungen/Hochschulen kommen für die Ausbildung bzw. für das Studium in Frage?

Nach der Messe
- Motivieren Sie Ihr Kind, Kontakt zu den Unternehmen und Hochschulen aufzunehmen!
- Sortieren Sie gemeinsam mit Ihrem Kind das Informationsmaterial in den Berufswahlpass (www.berufswahlpass-sachsen.de)!

Datum	Veranstaltung	Website
17.-19.09.2010	BUT - Bautzener Unternehmertage	www.messe-bautzen.de
24.09.2010	Ausbildungsmesse Hoyerswerda Sparkassensaal Schlossplatz 2	
14.-15.10.2010	Eltern-Campus-Tour	www.tu-dresden.de
06.11.2010	Tag der offenen Tür-Berufsakademie Bautzen	www.ba-bautzen.de
29.01.2011	Tag der offenen Tür-Berufliches Schulzentrum Bautzen	www.bszbautzen.de

KONTAKT:
Eigenbetrieb für Kultur und Bildung der Stadt Hoyerswerda
Regionales Übergangsmanagement
Lausitzer Platz 4
02977 Hoyerswerda
Tel.: 03571/601009

Dieser Elterninfobrief wurde erstellt durch ein Arbeitsforum aus Agentur für Arbeit Bautzen, Kreiselternrat Bautzen und Regionales Übergangsmanagement Hoyerswerda.

Dieses Vorhaben wird aus Mitteln des Bundesministeriums für Bildung und Forschung und aus dem Europäischen Sozialfonds der Europäischen Union gefördert.

Berufswahl gemeinsam erleben

Die Berufsberatung der Agentur für Arbeit Bautzen

ELTERNPOST
- FREIWILLIGES SOZIALES JAHR
- AUSBILDUNG
- FERIENJOB
- PRAKTIKUM
- HOBBY
- STUDIUM

Liebe Eltern,

als Eltern sind Sie für Ihre Kinder wichtige Ratgeber bei der Berufs- und Lebensplanung. Doch die Rolle des Berufsberaters ist für Mütter und Väter nicht immer einfach.

Denn die Arbeitswelt ist heute sehr viel komplexer, die Berufsbilder und die Anforderungen verändern sich immer schneller.

Mit diesem Elternbrief möchten wir Sie auf diesem schwierigen Weg begleiten und Ihnen Informationen und hilfreiche Tipps bei der Berufswahl Ihres Kindes mitgeben.

Berufsberatung der Agentur für Arbeit Bautzen
Bundesagentur für Arbeit
Agentur für Arbeit Bautzen

Kreiselternrat Bautzen

Regionales Übergangsmanagement Hoyerswerda
Perspektive Berufsabschluss

Die Berufsberatung der Agentur für Arbeit Bautzen

So erreichen Sie uns:

Telefonisch: **01801 555 111***

E-Mail: Bautzen.U25-251@arbeitsagentur.de

Das Berufsinformationszentrum führt auch im neuen Schuljahr eine ganze Reihe von Informationsveranstaltungen, Bewerberseminaren und betrieblichen Exkursionen durch. Für einige Veranstaltungen ist eine vorherige Anmeldung unter: 03591-66 1410 erforderlich. Hier eine kurze Auswahl von Veranstaltungen:

- 30.09. 16.30 Fachangestellter für Arbeitsförderung
- 05.10. 10.00 Bewerberseminar für Schüler **Anmeldung erforderlich!**
- 07.10. 14.00 Land und Leute kennen lernen als Au Pair
- 12.10. 10.00 Bewerberseminar für Schüler **Anmeldung erforderlich!**

Viele weitere Termine für das Schuljahr 2010/2011 stehen im BiZ-Kalender. Diesen erhalten Sie kostenfrei direkt über den Berufsberater oder Beratungslehrer Ihrer Schule. Weitere Informationen zur Berufsberatung finden Sie im Internet unter:

www.arbeitsagentur.de/bautzen

(Bürgerinnen und Bürger/ Ausbildung und Studium)

*Festnetzpreise 3,9 ct/min; Mobilfunkpreise höchstens 42 ct/min

BERUFSWAHL - TIPPS

- Motivieren Sie Ihr Kind zu einem Ferienjob/Praktikum!
- ERZÄHLEN SIE VON IHREM WEG ZUM BERUF!
- Lassen Sie die Berufsberatung Ihres Kindes kennen!
- Sprechen Sie mit Ihrem Kind über seine Ziele, Wünsche und Interessen!
- Nutzen Sie die Angebote des Berufsinformationszentrums (BIZ)!
- Besuchen Sie gemeinsam Messen und Veranstaltungen!

Wer hilft noch weiter?

Kreiselternrat Bautzen	IHK - Geschäftsstelle Bautzen	Kreishandwerkerschaft Bautzen
Rene Krauß	Frau Braun	Frau Gotscha-Schock
Dresdener Straße 14	Karl-Liebknecht-Straße 2	Wallstraße 8
02625 Bautzen	02625 Bautzen	02625 Bautzen
Tel.: 03578/788666	Tel.: 03591/351300	Tel.: 03591/522730
ARGE Hoyerswerda	Amt für Arbeit und Soziales	Arbeits- und Sozialzentrum Kamenz
Frau Menzel	Frau Schwarz	Frau Mende
Albert-Einstein-Straße 47	Kornmarkt / Bahnhofstraße	Garnisonsplatz 4/5
02977 Hoyerswerda	02625 Bautzen	01917 Kamenz
Tel.: 03571/464660	Tel.: 03591/5251-55425	Tel.: 03578/7871-57500

Bildungsbüro der Stadt Nürnberg

WEGWEISER 1

Nürnberg, November 2010

Informationen zum Übergang Schule-Beruf

Warum Ausbildung?

Eine gute Ausbildung ist die beste Voraussetzung für Erfolg im Berufsleben. Sie sichert Beschäftigung und schützt vor Arbeitslosigkeit; sie eröffnet Perspektiven für den beruflichen Aufstieg und legt den Grund für die Weiterbildung: zum Meister, zum staatlich geprüften Techniker oder zum Hochschulstudium; und sie legt den Grund für eine hochwertige Beschäftigung und damit für ein geregeltes Einkommen und die finanzielle Unabhängigkeit.

Mit einer guten Ausbildung gewinnt aber nicht nur der junge Mensch. Sie lohnt sich auch für die ausbildenden Betriebe, denn mit der Ausbildung investieren Arbeitgeber in ihre künftigen Fachkräfte und damit in die Zukunftsfähigkeit ihres Unternehmens. Und sie lohnt sich für die Stadt oder die Region, denn die Verfügbarkeit von Fachkräften hilft, den Standort zu sichern. Eine gute Ausbildung ist schließlich Garant für die demokratische Gesellschaft, denn sie ermöglicht gesellschaftliche Teilhabe sowie politisches und zivilgesellschaftliches Engagement.

Mit der qualifizierten Ausbildung schaffen sich die jungen Menschen, die Ausbildungsunternehmen und die Gesellschaft eine gemeinsame Zukunft und sichern Wohlstand, Demokratie und tolerantes Miteinander.

Was genau ist eine gute Ausbildung? Es gibt verschiedene, im Grunde aber gleichwertige Wege in die qualifizierte Berufstätigkeit. An erster Stelle steht die sogenannte „duale Ausbildung". Etwa zwei Drittel aller jungen Menschen eines Jahrgangs durchlaufen eine solche Ausbildung. Daneben stehen die Schulberufsausbildung und die Hochschulausbildung. Diese unterschiedlichen Wege in die qualifizierte Erwerbstätigkeit sind gleichwertig. Eine hohe Neigung zum Studieren und eine anspruchsvolle berufliche Ausbildung stehen somit keinesfalls im Widerspruch zueinander, sondern dienen beide dem Ziel, die nächste Generation für die Zukunft fit zu machen.

Mit der vorliegenden Handreichung zum Thema Ausbildung will das Bildungsbüro Sie darüber informieren, welche Formen der beruflichen Ausbildung es gibt, welche Fragen vor der Berufswahlentscheidung geklärt werden sollten und wer für eine eingehendere Beratung zur Verfügung steht. Und wir wollen mit Ihnen zusammen die jungen Menschen dazu anregen, über ihre beruflichen Wünsche und Pläne zu sprechen.

Ihr Redaktions-Team

2 Formen der Ausbildung

Duale Ausbildung

Lily will eine Ausbildung machen, aber sie weiß noch nicht, wofür sie sich entscheiden soll.

Nach wie vor wird die berufliche Erstausbildung am häufigsten im „Dualen System" – Betrieb und Berufsschule - durchlaufen. Der früher gebräuchliche Ausdruck dafür war: „In die Lehre gehen". Der Begriff „Lehre" wird heute in Deutschland aber meist nur noch für die handwerkliche Ausbildung verwendet.

Das duale Ausbildungssystem genießt international ein hohes Ansehen. „Dual" heißt dabei, dass die Ausbildung an zwei unterschiedlichen Lernorten mit unterschiedlichen Lerninhalten durchgeführt wird. Da ist zum einen der Lernort „Ausbildungsbetrieb". Das kann ein Geschäft, aber auch ein Handwerksbetrieb oder ein großes Industrieunternehmen sein. Dort vermitteln qualifizierte Ausbilderinnen und Ausbilder, die die notwendige „Ausbildungseignungsprüfung" abgelegt haben, die notwendigen fachlichen Kenntnisse und Fertigkeiten. Zum anderen besuchen die jungen Leute meist an ein oder zwei Tagen oder an mehreren Wochentagen (Blockunterricht) die Berufsschule. In der Berufsschule werden sie im handlungssystematischen Unterricht in theoretische und praktische Zusammenhänge eingewiesen. Dieser an sogenannten Lernfeldern orientierte Unterricht führt Theorie und Praxis zusammen. Eine angehende Elektronikerin wird also in der Berufsschule lernen, wie elektrische Installationen zu planen und zu organisieren sind; ein künftiger Fotograf wird in der Berufsschule lernen, wie eine Werbeaufnahme im Kontakt mit dem Kunden realisiert wird. Beide Lernorte, der Ausbildungsbetrieb und die Berufsschule, vermitteln die Ausbildungsinhalte in Abstimmung miteinander. Was gelernt wird, ist in der Ausbildungsordnung und im schulischen Lehrplan festgelegt. Mit Bestehen der Abschlussprüfung werden den jungen Menschen die für den Beruf wesentlichen fachlichen und sozialen Schlüsselkompetenzen bescheinigt, die sie brauchen, um im Beruf erfolgreich zu bestehen.

Auf Lilys Frage, wofür sie sich entscheiden soll, wird man also antworten, dass die Bewerbung um einen dualen Ausbildungsplatz eine gute Idee ist. Zwar unterscheidet sich die heutige berufliche Ausbildung von der früheren „Lehre" dadurch, dass sie stärker handlungs- und kundenorientiert angelegt ist. Gleichgeblieben ist aber, dass die fachlichen, allgemeinbildenden und sozialen Kenntnisse sowohl im Betrieb als auch in der Berufsschule erworben werden.

Schulberufsausbildung

Kann Lily auch einen Beruf komplett an einer Schule erlernen?

Ja. Es gibt Berufe, die nur an einer Schule erlernt werden können. Dies gilt zum Beispiel für Pflegeberufe mit dem Abschluss Kinderpfleger(in) oder Altenpfleger(in). Es gibt aber auch Berufsabschlüsse, die sowohl in der dualen Berufsausbildung als auch in der rein schulischen Berufsausbildung erworben werden können. An den beruflichen Schulen der Stadt Nürnberg kann man genauso wie in der dualen Ausbildung z.B. eine Ausbildung als Anlagenmechaniker(in) für Sanitär-, Heizungs- und Klimatechnik, als Maschinen- und Anlagenführer(in) oder als Modeschneider(in) absolvieren. Schulen, die eine solche rein schulische Ausbildung anbieten, werden Berufsfachschulen genannt.

Handelt es sich um eine Berufsfachschule mit einem von der zuständigen Stelle anerkannten Abschluss bzw. mit staatlicher Abschlussprüfung – wie im Falle der Berufsfachschulen der Stadt Nürnberg –, dann gilt: dieser Abschluss ist dem einer dualen Ausbildung gleichwertig bzw. entspricht staatlichen Prüfungsanforderungen. Allerdings gibt es auch Abschlüsse an Berufsfachschulen, die nicht anerkannt und damit nicht gleichwertig sind.

Die Schulberufsausbildung dauert je nach Beruf zwei bis max. dreieinhalb Jahre in Vollzeitunterricht und schließt einen hohen Praxisanteil ein. Der oder die Auszubildende steht also genauso an der Drehbank oder neben einer Hebebühne wie der Kollege oder die Kollegin in der dualen Ausbildung.

Lily kann also ihren Beruf auch an einer Schule lernen. Sie sollte sich aber vor Beginn der Ausbildung genau nach der Art des Abschlusses erkundigen. Denn von der Anerkennung durch die Kammern hängen nicht nur die Vermittlungschancen bei einer Bewerbung ab, sondern auch die Anschlussfähigkeit, das heißt, ob Lily ihre Weiterbildungsmöglichkeiten mit diesem Abschluss verbessern kann.

Und noch ein Tipp: Nicht alle Berufsfachschulen bieten wie die Stadt Nürnberg die Schulberufsausbildung kostenfrei an. Manche Anbieter erheben Schulgeld. Deshalb sollte Lily auch unbedingt danach fragen, ob und wie viel dieser Ausbildungsgang kostet, bevor sie sich dafür entscheidet.

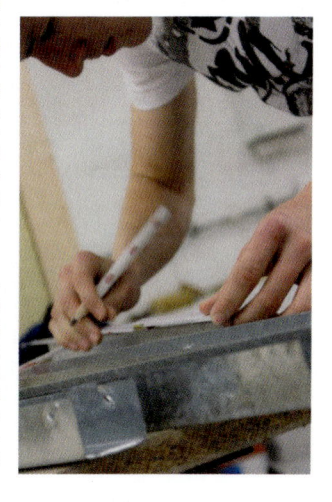

Verbundausbildung

Jonas macht eine Verbundausbildung. Was ist denn das?

Für jeden Ausbildungsberuf gibt es eine Ausbildungsordnung, die festlegt, welche Fertigkeiten, Fähigkeiten und Fachkenntnisse während der Ausbildung erworben werden müssen. Kleinere Betriebe sind oft stark spezialisiert und können deshalb nicht alle Ausbildungsinhalte vermitteln, die die Ausbildungsordnung vorschreibt. Um diesen Betrieben trotzdem die Ausbildung zu ermöglichen, wurde die Verbundausbildung geschaffen. Mehrere spezialisierte Unternehmen können sich zu einem Ausbildungsverbund zusammentun, um gemeinsam die vollständige Ausbildung der jungen Menschen sicherzustellen. Bei der Verbundausbildung findet die praktische Ausbildung in verschiedenen Betrieben oder Dienststellen statt.

Eine Spezialform der Verbundausbildung ist die Überbetriebliche Lehrlingsunterweisung im Handwerk. Die überbetrieblichen Ausbildungsmaßnahmen gewährleisten eine ausreichend breite, der technischen Entwicklung angepasste und damit zukunftsorientierte und mobilitätsfördernde Ausbildung. Ziel ist es, die im Betrieb erlernten Fertigkeiten und Kenntnisse zu ergänzen und zu vertiefen. Die überbetrieblichen Ausbildungsmaßnahmen stellen die "verlängerte Werkbank des Betriebes" dar. Genauso wie der Ausbildungsbetrieb verpflichtet ist, den Auszubildenden dafür frei zu stellen, muss der Auszubildende daran teilnehmen. Die Unterweisungen finden in den jeweiligen Berufsbildungszentren der Handwerkskammern oder bei Innungen statt.

Guter Rat ist hier nicht teuer: Jonas hat durch die Verbundausbildung keinen Nachteil gegenüber einer dualen Ausbildung, die in einem einzigen Ausbildungsbetrieb durchgeführt wird. Er lernt die gleichen Inhalte, macht die gleichen Prüfungen und erhält den gleichen Berufsabschluss wie die anderen Auszubildenden in seinem Beruf.

Berufsgrundbildungsjahr

Lily hat gehört, dass bei manchen Berufen die Ausbildung im ersten Ausbildungsjahr ganz in der Schule durchgeführt wird. Stimmt das?

Ja, auch das trifft zu. Bei einigen wenigen Ausbildungsberufen wie Holzmechaniker oder Tischler ist das Berufsgrundbildungsjahr (BGJ) grundsätzlich vorgeschrieben. Das BGJ ist ein einjähriger beruflicher Ausbildungsgang, der in schulischer Vollzeitform die beruflichen Grundkenntnisse und -fertigkeiten vermittelt sowie die allgemeine Bildung fortsetzt. Ein erfolgreicher Abschluss wird als erstes Ausbildungsjahr auf die insgesamt dreijährige Ausbildung angerechnet. Gleichzeitig kann bei entsprechender schulischer Leistung ein eventuell fehlender Abschluss der Hauptschule erworben werden. Der Ausbildungsvertrag mit einem Betrieb wird erst für das zweite und dritte Ausbildungsjahr abgeschlossen.

4
Welcher Beruf ist der richtige?

Diese Frage ist ganz schwierig zu beantworten. Schließlich gibt es aktuell sage und schreibe 349 staatlich anerkannte Ausbildungsberufe. Und nicht nur das. Neuerungen im technischen Bereich oder ein verändertes Verbraucherverhalten führen dazu, dass manche Berufe verschwinden und neue Berufe entstehen. Manche Berufe – z.B. Binnenschiffer(in) sind in manchen Regionen gefragt, in anderen nicht. Gelegentlich kommt es auch vor, dass sich ein Beruf – z.B. Drogist(in) –, der fast schon verschwunden war, wieder stärker nachgefragt wird. Jungen in größerem und Mädchen in geringerem Maße haben ihre Wunschberufe. Zu den Favoriten auf der Beliebtheitsskala von Auszubildenden gehören die Metallberufe, Elektroberufe, die Gesundheitsberufe und Berufe im Handel sowie die Büroberufe. Aber es gibt natürlich Ausbildungsmöglichkeiten in eher ausgefallene Berufe wie etwa Rollladen- und Sonnenschutzmechatroniker(in) oder dem/der Bogenmacher/in.

Letztlich müssen Jonas und Lily selbst entscheiden, wo sie ihren Neigungen und Interessen am besten nachgehen und ihre Fähigkeiten am besten entwickeln können. Trotzdem sind Beratungsgespräche wichtig.

Tipps für Eltern und andere Vertrauenspersonen:

- **Geduld üben.** An erster Stelle: Üben Sie sich in Geduld. Eine Entscheidung braucht Zeit zum Reifen. Deshalb gilt auch: Ein Drängen an dieser Stelle führt rasch in eine Sackgasse und sollte deshalb vermieden werden.
- **Dran bleiben.** Geduld ist etwas anderes als Gleichgültigkeit. Zeigen Sie dem jungen Menschen, dass Sie ernsthaft mit ihr oder ihm ergründen wollen, wohin der Weg führen kann.
- **Alternativen ausloten.** Legen Sie sich im Gespräch nicht auf einen Beruf fest, sondern erarbeiten Sie gemeinsam mit dem Jugendlichen auch Alternativen.
- **Erfahrungen bündeln.** Gegenstand des Gesprächs sollten in jedem Fall die Erfahrungen sein, die der junge Mensch bereits gemacht hat. Ermutigen Sie den Jugendlichen, die geäußerten Berufswünsche im Praktikum zu überprüfen.
- **Ziele vereinbaren.** Reagieren Sie auf „Wunschvorstellungen" nicht mit dem Satz: „Das geht doch gar nicht". Jede Idee ist es wert, weiterverfolgt zu werden. Und junge Menschen können und wollen auch immer wieder überraschen mit dem, was sie erreichen. Wichtig ist es, dass Sie gemeinsam realistische Etappenziele suchen, über die der in weiter Ferne liegende Wunsch zu erreichen ist.
- **Kompetenzen richtig einschätzen.** Diskutieren Sie mit dem Jugendlichen die Frage nach seinen Neigungen. Eine Idealvorstellung kann durchaus im Konflikt stehen mit den wirklichen Anforderungen. Oder anders ausgedrückt: Ein junger Mensch, der tierlieb ist, hat vielleicht keinerlei Neigung, einen Stall auszumisten. Sprechen Sie auch über die Berufseignung. Ein junger Mann, der farbenblind ist, kann zum Beispiel kein Elektroniker oder Drucker werden, wo er zu seiner Sicherheit und der anderer Menschen die farbig markierten Kabel oder die Farbnuancen gut auseinander halten können muss.
- **Beratung annehmen.** Fragen Sie den jungen Mann und die junge Frau, ob sie sich bereits haben beraten lassen. Angesichts der Fülle an anerkannten Berufen kann nur ein „Profi" das ganze Feld überblicken. Hier führt der erste Weg zum Berufsberater der Arbeitsagentur, ins Berufsinformationszentrum der Agentur (BIZ) oder zum Berater der ARGE. Sie können sich selbstverständlich auch an die Ausbildungsberater der Handwerkskammer und der IHK wenden. Andere Einrichtungen – wie die Initiative SCHLAU oder der Ausbildungsring Ausländischer Unternehmer (AAU) – stehen für einen bestimmten Teilnehmerkreis mit Rat und Unterstützung im Bewerbungsverfahren zur Verfügung.
- **Zur Seite stehen.** Gehen Sie unter Umständen mit zu den Beratungen. Zumindest beim ersten Beratungsgespräch ist es hilfreich, wenn die Eltern oder eine Vertrauensperson dabei sind. Weitere Beratungsgespräche sollte der Jugendliche aber selbst vereinbaren. Schließlich wollen wir alle, dass die junge Frau oder der junge Mann ihre eigenen Wege finden.

Voraussetzungen für die duale Ausbildung

Die persönlichen Auswahlkriterien legt jeder Betrieb und jedes Unternehmen nach eigenem Ermessen fest. Bei der Befragung von Ausbildungsverantwortlichen werden drei Kriterien immer wieder genannt. Demnach legen die meisten Unternehmen großen Wert auf einen erfolgreichen Schulabschluss; sie achten auf Einzelnoten in wichtigen Fächern, und sie geben oftmals Auszubildenden den Vorzug, die sich in der Schule und in ihrer Freizeit besonders engagieren. Ob ein erfolgreicher Hauptschulabschluss oder ein mittlerer Schulabschluss ausreicht und welche Noten besonders geprüft werden, hängt vom Anspruchsniveau und den Inhalten des Ausbildungsberufs ab.
Daneben müssen für den Abschluss eines Ausbildungsvertrags folgende Voraussetzungen erfüllt sein:

- ✔ **Krankenversicherung:** Zu Beginn der Berufsausbildung muss die Mitgliedschaft in einer Krankenversicherung nachgewiesen und dem Ausbildungsbetrieb mitgeteilt werden. Die Krankenkasse ist frei wählbar.

- ✔ **Versichertenkarte:** Als Mitglied einer Krankenkasse erhält man eine Versichertenkarte.

- ✔ **Rentenversicherung:** Zu Beginn der Ausbildung muss vom Rentenversicherungsträger eine Versicherungsnummer und ein Sozialversicherungsausweis vergeben worden sein. Mit der Anmeldung bei einer Krankenkasse können von der jeweiligen Krankenkasse die Rentenversicherungsnummer und der Sozialversicherungsausweis beantragt werden.

- ✔ **Lohnsteuerkarte:** Eine Lohnsteuerkarte muss bei der Stadt- oder Gemeindeverwaltung beantragt werden. Sie wird dem Arbeitgeber mit Beginn der Ausbildung vorgelegt. Ab 2011 ersetzt die Steuer- und Identifikationsnummer zzgl. Geburtsdatum die Lohnsteuerkarte.

- ✔ **Girokonto:** Ausbildungsvergütungen werden bargeldlos gezahlt, d.h. der Ausbildungsbetrieb überweist die Ausbildungsvergütung auf das Girokonto des Auszubildenden. Zum Ausbildungsbeginn muss dem Betrieb eine Bankverbindung mit Kontonummer genannt werden. Banken bieten für Auszubildende meist kostenlose Girokonten an, die gebührenfrei geführt werden.

- ✔ **Gesundheitsbescheinigung:** Jugendliche Berufseinsteiger unter 18 Jahren benötigen vor Aufnahme der Ausbildung eine ärztliche Bescheinigung (Erstuntersuchung). Sie erstreckt sich auf den Gesundheits- und Entwicklungszustand sowie die körperliche Beschaffenheit. Die Stadt- und/oder Gemeindeverwaltung gibt die Bescheinigung für eine kostenlose Untersuchung beim Arzt Ihrer Wahl aus. Bis zum Ende der 9. Jahrgangsstufe ist das benötigte Formular auch im Sekretariat der Schule erhältlich.

6

Voraussetzungen für die Schulberufsausbildung:

Für die Schulberufsausbildung stellen erreichte Bildungsabschlüsse das zentrale Auswahlkriterium dar. Die einschlägigen Schulordnungen regeln die Aufnahmekriterien im Detail und legen fest, welche Vorbildung mindestens nachgewiesen werden muss. Je nach Berufsbild sind zusätzlich berufspraktische Tests vorgesehen. Praktika sind immer notwendig und hilfreich.

Anders als bei der dualen Ausbildung wird in der Schulberufsausbildung kein sozialversicherungspflichtiges Ausbildungsverhältnis eingegangen. Deshalb müssen auch keinerlei Versicherungsnachweise vorgelegt werden.

In gleicher Weise wie in der dualen Ausbildung muss jedoch eine Gesundheitsuntersuchung für die endgültige Aufnahme durchgeführt werden. Wo das Dokument der so genannten Erstuntersuchung erhältlich ist, kann unter „Voraussetzungen für die duale Ausbildung" nachgelesen werden.

Auswärtige Unterbringung

Hubert will eine Ausbildung zum Gleisbauer machen. Der Ausbildungsort ist aber in Würzburg. Zum Pendeln aus Nürnberg ist das zu weit. Folglich muss er sich ein Zimmer oder eine Wohnung mieten. Hat er die Kosten für die Unterkunft alleine zu tragen?

Wenn Hubert während einer betrieblichen Ausbildung nicht zu Hause wohnen kann, hat er die Möglichkeit, Berufsausbildungsbeihilfe zu bekommen. Dafür muss er bei der Berufsberatung der Arbeitsagentur einen Antrag auf Berufsausbildungsbeihilfe (BAB) stellen und dazu den Ausbildungsvertrag und den Mietvertrag vorlegen. Berufsausbildungsbeihilfe steht den Auszubildenden zu, die für ihre Ausbildung kein BAföG erhalten können, also eine betriebliche Ausbildung machen, wenn sie selbst und ihre Eltern nur über ein geringes Einkommen verfügen und sie während der Ausbildung nicht zu Hause wohnen können. Die Höhe des Zuschusses ist einkommensabhängig und muss nicht zurückgezahlt werden.

Stichwort: Kammern

Die Kammern sind die Interessenvertretungen ihrer Mitglieder. Im Bereich des Gewerbes gibt es die Vertretungen der handwerklich ausgerichteten Betriebe (Handwerkskammern) und die Vertretungen der Industrieunternehmen und des Handels (Industrie- und Handelskammern); im Bereich der freien Berufe die Ärztekammern, die Steuerberaterkammern, die Rechtsanwaltskammer und weitere Kammern; im Bereich der Landwirtschaft die Landwirtschaftskammern. Den Kammern wurden vom Staat eine Reihe wichtiger Aufgaben übertragen. Kammern überprüfen die Eignung der Unternehmen und können diese bei Fehlverhalten wieder entziehen und Strafen erteilen. Sie nehmen Einfluss auf Ausbildung und Prüfungsrichtlinien. Sie führen Abschluss- und Gesellenprüfungen durch. Und sie stehen für alle an der Ausbildung Beteiligten für Beratungen zur Verfügung.

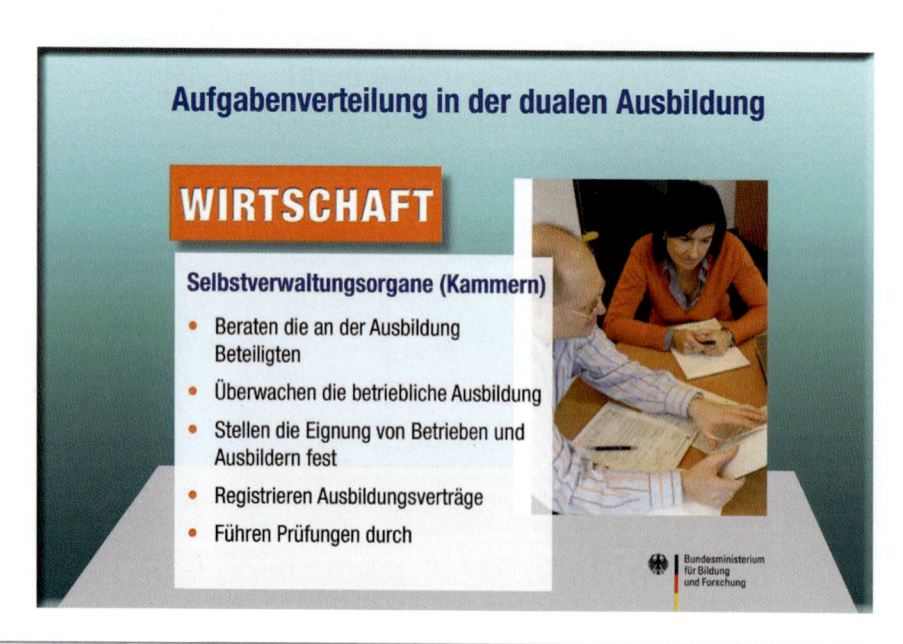

Aufgabenverteilung in der dualen Ausbildung

WIRTSCHAFT

Selbstverwaltungsorgane (Kammern)

- Beraten die an der Ausbildung Beteiligten
- Überwachen die betriebliche Ausbildung
- Stellen die Eignung von Betrieben und Ausbildern fest
- Registrieren Ausbildungsverträge
- Führen Prüfungen durch

Bundesministerium für Bildung und Forschung

8
Wer hilft weiter?

BIZ Berufsinformationszentrum in der Agentur für Arbeit Nürnberg
Richard-Wagner-Platz 5
90443 Nürnberg
Telefon: (0911) 529-28 05
Fax: (0911) 529-21 65
E-Mail: Nuernberg.BIZ@arbeitsagentur.de
Öffnungszeiten:
Montag–Mittwoch 08:00–16:00 Uhr
Donnerstag 08:00–18:00 Uhr
Freitag 08:00–15:00 Uhr

Handwerkskammer für Mittelfranken
Sulzbacher Straße 11–15
90489 Nürnberg
Telefon: (0911) 53 09 0
Fax: (0911) 53 09 2 88
E-Mail: info@hwk-mittelfranken.de
Internet: www.hwk-mittelfranken.de
Öffnungszeiten:
Montag–Donnerstag 07:30–17:00 Uhr
Freitag 07:30–16:00 Uhr
Unterstützung bei der Berufswahl, der Lehrstellensuche und der Berufsausbildung.

Kompetenzagentur Nürnberg
Noris-Arbeit gGmbH
Fürther Str. 27, 90429 Nürnberg
Telefon: (0911) 5863 444

Internet: www.kompetenzagentur.nuernberg.de
Beratungs-, Vermittlungs- und Lotsenfunktion zur „passgenauen" beruflichen und sozialen Integration besonders benachteiligter junger Menschen.

IHK Nürnberg für Mittelfranken
Hauptmarkt 25–27
90403 Nürnberg
Haupteingang Waaggasse
Telefon: (0911) 13 35 0
Fax: (0911) 13 35 2 00
E-Mail: info@nuernberg.ihk.de
Internet: www.ihk-nuernberg.de
Öffnungszeiten Service-Zentrum:
Montag–Donnerstag 08:00–16:00 Uhr
Freitag 08:00–15:00 Uhr
Unterstützung bei der Suche nach einem geeigneten Ausbildungsberuf, nach Ausbildungsbetrieben und Praktikumsmöglichkeiten.

ARGE Nürnberg DLZ U25
Sandstr. 22- 24
90443 Nürnberg
Telefon: (0911) 21661-0
Beratung und Hilfen für junge Menschen zwischen 15 und 25 Jahren im ALG2-Leistungsbezug.
Öffnungszeiten:
Montag–Freitag: 8.30 Uhr–12.30 Uhr
Gesprächstermine nur nach Vereinbarung.

Berufsberatung bei der Agentur für Arbeit Nürnberg
Richard-Wagner-Platz 5
90443 Nürnberg
Anmeldung zum Beratungsgespräch bei der örtlichen Berufsberatung unter der Service-Nummer (01801) 55 51 11

Amt für Ausbildungsförderung
Kontakt: Jugendamt
Sandstraße 22 - 24
90443 Nürnberg
(09 11) 2 31 - 29 78
Informationen über Schüler-BAFÖG

Koordinierungsstelle SCHLAU
Schoppershofstr. 80, (Tempo-Haus)
90489 Nürnberg
Telefon: (0911) 231 47 48
Fax: (0911) 231 47 48
Internet: www.schlau.nuernberg.de
SCHLAU (Schule – Lernerfolg – Ausbildung) betreut und motiviert die teilnehmenden Schülerinnen und Schüler (insbesondere mit Migrationshintergrund) beim Übergang von der Schule in eine Ausbildung.
Darüber hinaus werden in Abstimmung mit dem Staatlichen Schulamt alle berufsschulpflichtigen Hauptschulabgänger zu Wegen an beruflichen Schulen beraten.

Amt für Berufliche Schulen
Äußere Bayreuther Straße 8, 90491 Nürnberg
Tel. (0911) 231-8704
Fax: (0911) 231-8702
www.schulen-in-nuernberg.de
Informationen über alle öffentlichen Berufsschulen, Berufsfachschulen, Fachoberschulen, Berufsoberschulen, Fachakademien, Fachschulen und die Wirtschaftsschule in Nürnberg zuständig.

Eine detaillierte Übersicht über weitere Unterstützungsangebote bietet die Datenbank auf der Internetseite www.uebergangsmanagement.nuernberg.de

---

www.uebergangsmanagement.nuernberg.de

Impressum:
Herausgeber:
Stadt Nürnberg Bildungsbüro
Regionales Übergangsmanagement
Unschlittplatz 7a
90403 Nürnberg
Telefon (0911) 231 14147

Dr. Martin-Bauer Stiasny, Brigitte Fischer-Brühl, Dr. Christine Meyer (verantwortlich), Dr. Hans-Dieter Metzger (Koordination), Dieter Rosner, Marie-Luise Sommer.

Fachliche Beratung: Ulrike Horneber (stellv. Schulleiterin Berufsschule 14), Maria Puhlmann (Amt für Berufliche Schulen der Stadt Nürnberg), Christine Grundig (Koordinierungsstelle SCHLAU), Peter Haas (Agentur für Arbeit Nürnberg), Uwe Kronbeck (ARGE Nürnberg), Christian Kaiser (Handwerkskammer für Mittelfranken), Manfred Siegl (Industrie- und Handelskammer für Mittelfranken).

Gestaltung: Norbert Kirchner, www.no-design.net

Elternpower
Begleitbriefe zur Berufswahl

Liebe Mütter, liebe Väter,

die Berufswahl ist für unsere Kinder meistens ein Weg mit vielen Hürden. Laufend entstehen neue Berufsbilder, für andere gibt es plötzlich keine Nachfrage mehr. Viele Jugendliche sind auch überfordert, schon so früh die Weichen für den weiteren Lebensweg stellen zu müssen. Plötzlich sollen sie Wünsche, Neigungen und Interessen benennen. Selbst wenn dies gelingt, ist der passende Beruf noch lange nicht gefunden. Die schwerste Hürde steht dann erst noch bevor, nämlich eine Lehrstelle zu ergattern.

Eltern sind oft ratlos, wie sie ihrem Kind in dieser Phase helfen können. Sie wissen, dass die Berufswahl entscheidend für die Zukunft ihres Kindes ist. Aber die Kinder stehen sich in der Pubertät oft selbst im Weg und lehnen eine „Einmischung" von außen ab.

Trotzdem sind Sie als Eltern die wichtigsten Ratgeber bei der Berufswahl Ihrer Kinder. Man hat herausgefunden, dass bei den Jugendlichen die Meinung der Eltern viel mehr zählt als das, was Freunde, Verwandte, Lehrer oder Berufsberater empfehlen. Das sollte Ihnen persönlich Mut machen, trotz der momentan vielleicht schwierigen Kommunikation mit Ihrem Kind immer wieder das Gespräch zu suchen. Keiner weiß besser über die Wünsche, Stärken und Schwächen Ihres Kindes Bescheid als Sie selbst.

Anregungen und Tipps, wie Sie diese Hürde gemeinsam mit Ihrem Kind überqueren, wollen unsere „Begleitbriefe" zur Berufswahl geben. Es ist übrigens gar nicht so wichtig, dass Sie auf jede Berufswahl-Frage Ihres Kindes immer die passende Antwort haben. Oft sind nur der gesunde Menschenverstand und ein offenes Ohr gefordert.

Viel Erfolg beim Übergang in den Beruf wünscht Ihnen die Redaktion.

P.S.: Der Arbeitskreis SCHULEWIRTSCHAFT Nürnberg-Hauptschule freut sich über Ihre Rückmeldungen und Vorschläge für weitere Themen.

Trainingsplan: Berufswahl

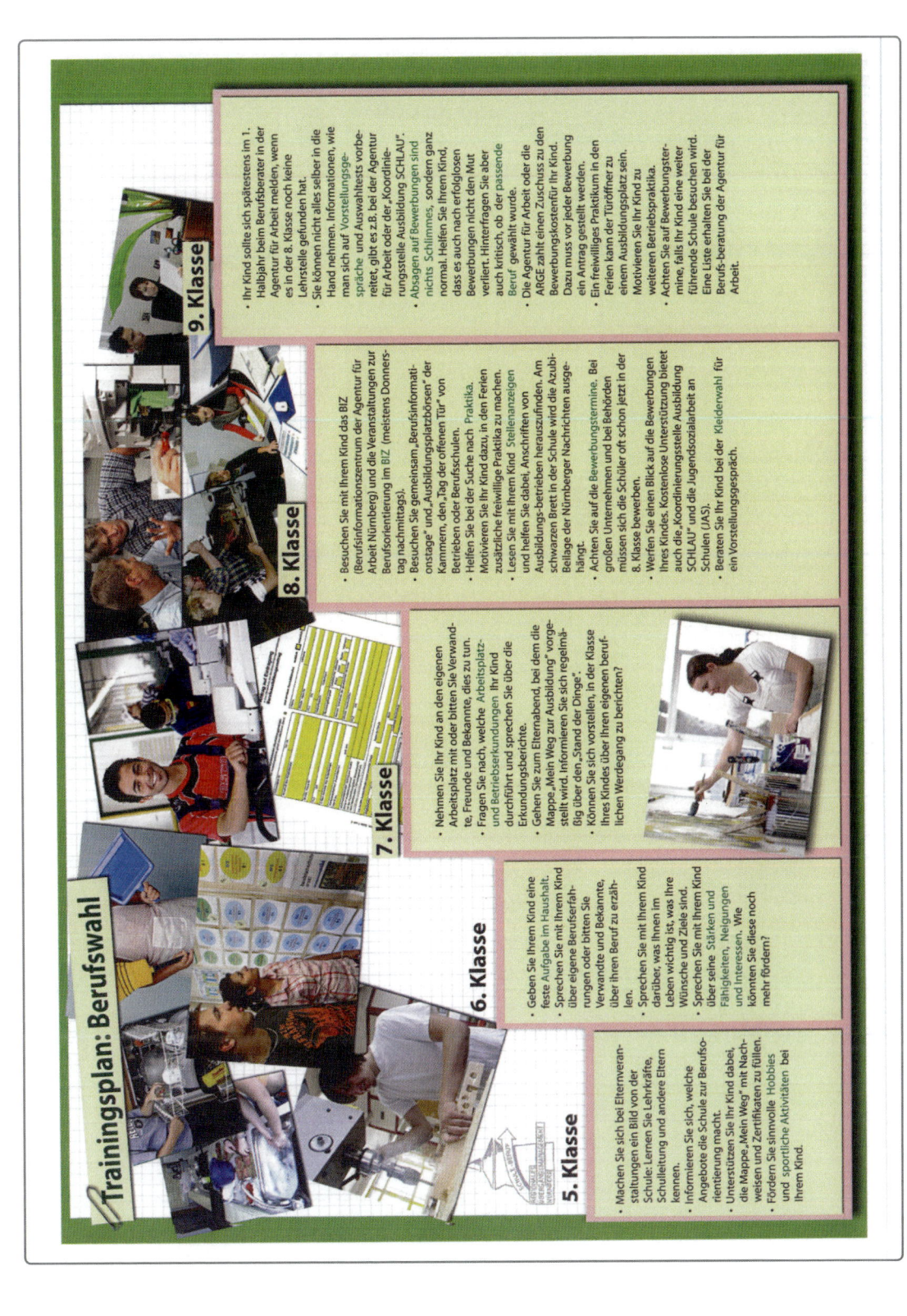

5. Klasse

- Machen Sie sich bei Elternveranstaltungen ein Bild von der Schule. Lernen Sie Lehrkräfte, Schulleitung und andere Eltern kennen.
- Informieren Sie sich, welche Angebote die Schule zur Berufsorientierung macht.
- Unterstützen Sie Ihr Kind dabei, die Mappe „Mein Weg" mit Nachweisen und Zertifikaten zu füllen.
- Fördern Sie sinnvolle Hobbies und sportliche Aktivitäten bei Ihrem Kind.

6. Klasse

- Geben Sie Ihrem Kind eine feste Aufgabe im Haushalt.
- Sprechen Sie mit Ihrem Kind über eigene Berufserfahrungen oder bitten Sie Verwandte und Bekannte, über ihren Beruf zu erzählen.
- Sprechen Sie mit Ihrem Kind darüber, was Ihnen im Leben wichtig ist, was Ihre Wünsche und Ziele sind.
- Sprechen Sie mit Ihrem Kind über seine Stärken und Fähigkeiten, Neigungen und Interessen. Wie könnten Sie diese noch mehr fördern?

7. Klasse

- Nehmen Sie Ihr Kind an den eigenen Arbeitsplatz mit oder bitten Sie Verwandte, Freunde und Bekannte, dies zu tun.
- Fragen Sie nach, welche Arbeitsplatz- und Betriebserkundungen Ihr Kind durchführt und sprechen Sie über die Erkundungsberichte.
- Gehen Sie zum Elternabend, bei dem die Mappe „Mein Weg zur Ausbildung" vorgestellt wird. Informieren Sie sich regelmäßig über den „Stand der Dinge".
- Können Sie sich vorstellen, in der Klasse Ihres Kindes über Ihren eigenen beruflichen Werdegang zu berichten?

8. Klasse

- Besuchen Sie mit Ihrem Kind das BIZ (Berufsinformationszentrum der Agentur für Arbeit Nürnberg) und die Veranstaltungen zur Berufsorientierung im BIZ (meistens Donnerstag nachmittags).
- Besuchen Sie gemeinsam „Berufsinformationstage" und „Ausbildungsplatzbörsen" der Kammern, den „Tag der offenen Tür" von Betrieben oder Berufsschulen.
- Helfen Sie bei der Suche nach Praktika. Motivieren Sie Ihr Kind dazu, in den Ferien zusätzliche freiwillige Praktika zu machen.
- Lesen Sie mit Ihrem Kind Stellenanzeigen und helfen Sie dabei, Anschriften von Ausbildungsbetrieben herauszufinden. Am schwarzen Brett in der Schule wird die Azubi-Beilage der Nürnberger Nachrichten ausgehängt.
- Achten Sie auf die Bewerbungstermine. Bei großen Unternehmen und bei Behörden müssen sich die Schüler oft schon jetzt in der 8. Klasse bewerben.
- Werfen Sie einen Blick auf die Bewerbungen Ihres Kindes. Kostenlose Unterstützung bietet auch die „Koordinierungsstelle Ausbildung SCHLAU" und die Jugendsozialarbeit an Schulen (JAS).
- Beraten Sie Ihr Kind bei der Kleiderwahl für ein Vorstellungsgespräch.

9. Klasse

- Ihr Kind sollte sich spätestens im 1. Halbjahr beim Berufsberater in der Agentur für Arbeit melden, wenn es in der 8. Klasse noch keine Lehrstelle gefunden hat.
- Sie können nicht alles selber in die Hand nehmen. Informationen, wie man sich auf Vorstellungsgespräche und Auswahltests vorbereitet, gibt es z.B. bei der Agentur für Arbeit oder der „Koordinierungsstelle Ausbildung SCHLAU".
- Absagen auf Bewerbungen sind nichts Schlimmes, sondern ganz normal. Helfen Sie Ihrem Kind, dass es auch nach erfolglosen Bewerbungen nicht den Mut verliert. Hinterfragen Sie aber auch kritisch, ob der passende Beruf gewählt wurde.
- Die Agentur für Arbeit oder die ARGE zahlt einen Zuschuss zu den Bewerbungskosten für Ihr Kind. Dazu muss vor jeder Bewerbung ein Antrag gestellt werden.
- Ein freiwilliges Praktikum in den Ferien kann der Türöffner zu einem Ausbildungsplatz sein. Motivieren Sie Ihr Kind zu weiteren Betriebspraktika.
- Achten Sie auf Bewerbungstermine, falls Ihr Kind eine weiterführende Schule besuchen wird. Eine Liste erhalten Sie bei der Berufsberatung der Agentur für Arbeit.

Zehn Tipps zur Berufsorientierung

1 Geben Sie Ihrem Kind feste Aufgaben im Haushalt.

Das kann Einkaufen, Zimmer aufräumen, Müll wegbringen, Blumen gießen oder etwas anderes sein. Achten Sie darauf, dass die Aufgaben regelmäßig erledigt werden. Zuverlässigkeit und Ausdauer sind Eigenschaften, die im Berufsleben eine wichtige Rolle spielen.

2 Hat Ihr Kind ein Hobby?

Wenn nicht: Suchen Sie mit Ihrem Kind eine sinnvolle Freizeitbeschäftigung. Für fast jedes Hobby gibt es Vereine, in denen es andere Kinder mit den gleichen Interessen kennen lernen kann. Zwar kann nicht jeder sein Hobby später zum Beruf machen. Aber zu wissen, was Ihrem Kind viel Spaß macht, kann dabei helfen, einen geeigneten Beruf zu finden.

3 Ehrenamtliches Engagement zahlt sich aus bei der Suche nach einem Ausbildungsplatz.

Man hat herausgefunden, dass Jugendliche, die sich zum Beispiel als Rettungssanitäter, bei der Feuerwehr, dem Technischen Hilfswerk (THW) oder in Vereinen engagieren, viel schneller eine Lehrstelle finden als Jugendliche, die das nicht tun. Fördern Sie daher Ihr Kind bei solchen Aktivitäten außerhalb der Schule.

4 Für viele Ausbildungsberufe werden bestimmte Schulnoten oder ein bestimmter Notendurchschnitt erwartet.

Gute Durchschnittsnoten sind oft noch entscheidender als ein höherer Schulabschluss. Schade, wenn es dann wegen einer 4 in Mathe nicht klappt mit der Schreinerlehre. Noten lassen sich fast immer verbessern. Viele Einrichtungen, wie zum Beispiel die Nürnberger Schülertreffs, bieten kostenlose Nachhilfe oder Hausaufgabenbetreuung an. Informationen dazu gibt es bei der „Koordinierungsstelle Ausbildung SCHLAU".

5 Versuchen Sie die Wünsche, Interessen, Fähigkeiten und Begabungen Ihres Kindes herauszufinden.

Sprechen Sie mit Ihrem Kind darüber, vielleicht sind ihm seine eigenen Stärken bisher gar nicht so bewusst. Wer seine Stärken kennt, tut sich viel leichter dabei, einen passenden Beruf zu finden. Und Arbeitgeber drücken bei einer schlechten Note schon mal ein Auge zu, wenn jemand weiß, was er gut kann.

6 Viele Kinder wissen nicht einmal, welchen Beruf die Eltern ausüben oder gelernt haben.

Erzählen Sie Ihrem Kind von der eigenen Ausbildung und aus dem eigenen Berufsleben. Machen Sie die Wunschberufe Ihrer eigenen Kindheit zum Thema, um mit Ihrem Kind über seine aktuellen Traumberufe zu sprechen. Auch Verwandte, Freunde und Bekannte erzählen meistens gerne über Erlebnisse aus ihrem Berufsleben.

7 Selbst Experten streiten sich, wie viele Stunden ein Kind höchstens vor dem Computer oder Fernseher verbringen sollte.

Fakt ist, dass vor allem Jungs viel zu lange vor den Bildschirmen sitzen, da ihnen vom Elternhaus nur selten Grenzen gesetzt werden. Vereinbaren Sie deshalb mit Ihren Kindern einen täglichen Zeitrahmen für Fernsehen und Computerspielen (z.B. höchstens 2 Stunden), der nicht überschritten werden darf.

8 Suchen Sie den regelmäßigen Kontakt zum Klassenleiter bzw. zur Klassenleiterin Ihres Kindes.

Gibt es dringende Probleme, dann warten Sie nicht bis zur nächsten Sprechstunde oder zum nächsten Elternabend. Immer mehr Lehrkräfte können Sie auf dem Handy erreichen oder ihnen zumindest eine Nachricht hinterlassen.

9 Wenn Ihr Kind nach der Bewerbung zu einem persönlichen Vorstellungsgespräch eingeladen wird, dann ist es dem Ziel „Ausbildungsplatz" schon sehr nahe.

Helfen Sie mit, dass auch die letzte Hürde genommen wird. Sorgen Sie am Tag des Vorstellungsgesprächs vor allem für angemessene Kleidung. Üben Sie vorher gemeinsam den Weg zum Arbeitgeber, damit Ihr Kind nicht zu spät kommt.

10 Wenn die Bewerbungen Ihres Kindes immer nur mit Absagen beantwortet werden, dann braucht es Unterstützung und Rückhalt bei den Eltern.

Versuchen Sie Ihr Kind zu motivieren, gerade wenn es den Mut verliert und eigentlich aufgeben möchte. Sie sollten aber auch bedenken, ob der richtige Beruf gewählt wurde.

Damit kommt Ordnung in die Berufswahl Ihres Kindes

Mappe 1: „Mein Weg" ist für die 5. und 6. Klassen. Hier wird zum Beispiel festgehalten, wenn Ihr Kind als Klassensprecher aktiv war oder sich ehrenamtlich in einem Sportverein oder einer anderen Organisation eingesetzt hat.

Mappe 2: „Mein Weg zur Ausbildung" ist für die Klassen 7 bis 9 bzw. 10. In den Ordner kommen zum Beispiel alle Aktivitäten Ihres Kindes zur Berufsfindung, die Zertifikate aus Praktika und Projekten, die Bewerbungsunterlagen und ähnliche Dokumente.

Die Mappen werden kostenlos an alle Kinder an den Nürnberger Hauptschulen verteilt.

Das Fürstenwalder **Übergangsmanagement Schule-Beruf**
und das **AWO-Mehrgenerationenhaus**
laden zu einer neuen Themenreihe ein:

„Eltern und Jugendliche stellen Berufe vor"

- Infos aus erster Hand
- Köche/innen geben Einblicke
- Fragen stellen - Antworten bekommen

- Ausprobieren
- Erfahren
- Erleben

Kochen und mehr...

...eine kulinarische Begegnung mit Infos
zu Berufen rund um's Kochen, Essen und Trinken

WANN?

07.Oktober 2009
15.Oktober 2009
jeweils 17.00 Uhr

WO?

AWO-MEHRGENERATIONENHAUS
W.-Komarow-Straße 42e, 15517 Fürstenwalde

ANMELDUNG UNTER

Tel: **03361/557178** (Stadt Fürstenwalde) und **03361/749028** (Mehrgenerationenhaus)

Dieses Vorhaben wird aus Mitteln des Bundesministeriums für Bildung und Forschung und aus dem Europäischen Sozialfonds der Europäischen Union gefördert.

Das Fürstenwalder **Übergangsmanagement Schule-Beruf**
und das **AWO-Mehrgenerationenhaus**
laden zu einer neuen Themenreihe ein:

„Eltern und Jugendliche stellen Berufe vor"

- Infos aus erster Hand
- Floristen/Gärtner/innen geben Einblicke
- Fragen stellen - Antworten bekommen

- Ausprobieren
- Erfahren
- Erleben

Gärtnern und mehr...

...eine Begegnung mit Infos
zu Berufsbildern rund um den Garten- und Landschaftsbau

WANN?

25. NOVEMBER 2009
3. Dezember 2009
jeweils 17:00 Uhr

WO?
AWO-MEHRGENERATIONENHAUS
W.-Komarow-Straße 42e, 15517 Fürstenwalde

ANMELDUNG UNTER
Tel: 03361/557178 (Stadt Fürstenwalde) und 03361/749028
(Mehrgenerationenhaus)

Dieses Vorhaben wird aus Mitteln des Bundesministeriums für Bildung und Forschung und aus dem Europäischen Sozialfonds der Europäischen Union gefördert.

Das Fürstenwalder **Übergangsmanagement Schule-Beruf**
und das **AWO-Mehrgenerationenhaus**
laden zur Fortführung der Themenreihe ein:

„Eltern und Jugendliche stellen Berufe vor"

- Infos aus erster Hand
- Friseur/in und Kosmetiker/in geben Einblicke
- Fragen stellen - Antworten bekommen
- Ausprobieren
- Erfahren
- Erleben

Zeig her Deine Haare, zeig her Dein Gesicht

...eine Begegnung mit Infos
zu den Berufsbildern rund ums Frisieren und Schminken

WANN?
19.04.2010
17:00 Uhr

WO?
AWO-MEHRGENERATIONENHAUS
W.-Komarow-Straße 42e, 15517 Fürstenwalde

ANMELDUNG UNTER
Tel: 03361/557178 (Stadt Fürstenwalde) und
03361/749028 (Mehrgenerationenhaus)

Dieses Vorhaben wird aus Mitteln des Bundesministeriums für Bildung und Forschung und aus dem Europäischen Sozialfonds der Europäischen Union gefördert.

Das Fürstenwalder **Übergangsmanagement Schule-Beruf** und das **AWO-Mehrgenerationenhaus** laden zur Fortführung der Themenreihe ein:

„Eltern und Jugendliche stellen Berufe vor"

- Infos aus erster Hand
- Profi`s und Azubi`s geben Einblicke
- Fragen stellen - Antworten bekommen

- Ausprobieren
- Erfahren
- Erleben

Kinder und Jugendliche auf den richtigen (Lern)Weg bringen

...eine Begegnung mit Infos zu den Berufsbildern Sozialassistent/in, Heilerziehungspfleger/in und Erzieher/in

WANN?
05.07.2010
17:00 Uhr

WO?
AWO-MEHRGENERATIONENHAUS
W.-Komarow-Straße 42e, 15517 Fürstenwalde

ANMELDUNG UNTER
Tel: 03361/557178 (Stadt Fürstenwalde) und
03361/749028 (Mehrgenerationenhaus)

Dieses Vorhaben wird aus Mitteln des Bundesministeriums für Bildung und Forschung und aus dem Europäischen Sozialfonds der Europäischen Union gefördert.